スタートアップスタジオ

STARTUP

連続してイノベーションを生む
「ハリウッド型」プロ集団

STUDIO

アッティラ・シゲティ
訳 露久保由美子　監修 \QUANTUM Inc.

日経BP社

STARTUP STUDIO PLAYBOOK
by Attila Szigeti

Japanese translation published by arrangement with
Attila Szigeti through The English Agency (Japan) Ltd.

スタートアップスタジオ

連続してイノベーションを生む「ハリウッド型」プロ集団

この本は、さまざまな起業家の経験談と、スタートアップスタジオを運営する人たちのエピソードを多数紹介しています。本書を刊行できたのは、「スタートアップスタジオ」という新しい起業支援のあり方を世の中に伝えるため、彼らが貴重な時間を割いて多くを語ってくれたおかげです。

また、出版費用を捻出すべく「スタートアップスタジオ・プレイブック・インディーゴーゴー（Indiegogo）」でクラウドファンディングをした時に、応援してくれたすべての人に心から感謝の意を表します。皆さんのおかげで本書を書き上げることができました。本当にありがとう！

アッティラ・シゲティ

目次

本書の対象読者

あなたが起業家やイノベーターなら、本書から多くのことが得られるはずです。

スタートアップスタジオとは、スタジオ内にあるさまざまなリソースを使いながら、次から次へとイノベーティブな企業を立ち上げていく、新しい組織形態のことです。この組織は持続的で、多方面にわたる起業支援の再現性も高いものとなっています。それゆえ、「ベンチャービルダー」「スタートアップファクトリー」「ファウンドリー」などと呼ばれることもあります。

昨今、**スタートアップスタジオは世界的に増加傾向で、新規事業創出の新たなトレンドとなりつつあります。**スタジオをうまく活用すれば、少ないリスクで効率よくスタートアップを立ち上げることができます。

私が本書を執筆した主な目的は、**スタートアップスタジオとは何かを明らかにし、新たなスタジオをつくりやすくすること**にあります。もしあなたが、これから挙げるどれかの例に当てはまるなら、ぜひこの本を最後まで読んでみてください。

■あなたが**スタートアップしたばかりの起業家**で、アーリーステージ（訳注：ベンチャー企業の成長区分のうちの創業まもない段階。一般に「シード」「アーリー」「ミドルもしくはエクスパンション」「レイター」と進んでいく）における事業の成功確率を上げる方法を探しているなら、その方法が見つかるでしょう。

■あなたがこれからスタートアップを立ち上げようとしている**起業志望者**なら、スタートアップスタジオに入ることで失敗のリスクが軽減されるとわかるはずです。簡単で安全にスタートアップを立ち上げましょう。

■あなたが**大企業に所属するイノベーター**なら、革新的なアウトプットを増やす新しい方法が見つかるはずです。

■あなたが**スタートアップスタジオをつくりたい**と考えているなら、他のスタジオの運営方法や、成果を計測する際に用いる指標を知ることで、自分の考えを実行に移す方法や、運営プランを改善する策が見つかるはずです。

■あなたが**投資家**なら、スタートアップスタジオが安定したディールフロー（投資の案件数）をもたらしてくれると気づくでしょう。

■あなたが何らかの**事業の意思決定者**なら、スタートアップスタジオのコンセプトを理解することで、自分たちがどのようにサポートできるかを知るでしょう。本書で得た知識を実践すれば、数多くのスタートアップを生み出すエコシステム（訳注：業界・企業の枠を超えて複数のグループが共存共栄していく仕組み、生態系のこと）が今まで以上に繁栄するはずです。

■あなたが**大学関係者**なら、スタートアップスタジオと協力することで、学内で研究されている事柄を市場の需要に即したものに変えられるかもしれません。

近年、スタートアップスタジオは**大学を出たばかりの社会人**や初めて起業する人にとっての現実的な選択肢になりつつあります。昔のように、多くの若者が「国際的な大企業で働きたい」と考える時代ではなくなったのです。一流大学出身のミレニアル世代が「普通に」スタートアップで働くようになり、ワクワクするような新しいアイデアを形にしたいと考えています。

ところが、これまでのスタートアップの立ち上げ方は、リスクが大きすぎました。共同創業者を見つけたり、初期の運営資金を工面したりするまでに、膨大な時間と手間を要するからです。

それに比べてスタートアップスタジオは、有能でやる気に満ちた若い起業家が、会社設立に必要な資金をすぐに調達でき、組織が成長していくライフサイクル全体を短期間で経験できるでしょう。ここには、スタートアップの運営に必要なものすべてがそろっています。

スタジオで働く起業家やイノベーターは、顧客開拓や商品設計、コア機能の開発、既存顧客の維持、オンボーディング（訳注：サービスやアプリケーションの新規利用者が使い方に慣れて習慣的に利用するように導く）プロセスといった、自社サービスを成長させる上で最も大事なことだけに集中できます。

本書は、すでに世界的な成功を収めているスタートアップスタジオに何十回もインタビューを重ねて書き上げました。その過程で、起業に関するあらゆる市場データも調べ、重要な部分を抜粋して紹介しています。

執筆の途中で一部分だけ先に読んでもらった人たちは、続きを読みたがり、次のようなコメントを寄せてくれました。

「あなたがスタートアップスタジオに関する情報や事業モデル、運営のフレームワークを整理するために行っているることは、ベンチャー創造の新しいトレンドを生み出すために絶対に必要なことだ」

――イノハブ・メキシコ（InnoHub Mexico）業務執行担当パートナー、レイモンド・ブルゲラ

「私は数カ月前からベンチャービルダーについて調べていたが、探していた情報のすべてがこの本に書いてあった。本書は簡潔な説明とやさしい文体で魅力的な読み物になっている」

――スケール（Scale Inc.）創業者、スラジ・スドハカール（社会分野のベンチャービルダー）

「私たちのグループも、スタートアップスタジオと呼ばれるこの魅力的な事象に関する調査に取り組んできた。本書はその大いなる情報源になってくれた。ベンチャー立ち上げの新たな手法を模索している起業家や組織に、強く本書をお薦めする」

――デロイト（Deloitte）コンサルタント、ダニエル・フィーマン

この本を読むことで、スタートアップスタジオがどのように起業の役に立つのかを多くの方々に知っていただければ幸いです。

スタートアップスタジオとは、いわば「連続してイノベーションを生み出す集団」であり、ハリウッドの映画スタジオに例えられることも多い。起業したいと考える人や大企業の新規事業担当者などが、スタジオ内にいる事業開発の各種専門家たちと共にイノベーションを生み出していく

図１：スタートアップスタジオにかかわる人たちの相関図

はじめに

「スタートアップスタジオ」へようこそ！

まず、この本を世に出すプロジェクトに協力してくれた、すべての方に感謝します。皆さんの協力のおかげで、スタートアップスタジオに関するあらゆる情報と、最良の成功事例を世に広めることができます。

それによって、読者の皆さんが、意味のあるスタートアップをこれまでよりも容易に立ち上げられるようになるでしょう。

スタートアップといえば、今までにないアイデアの下、それを体現する商品を作り、売り、成長していくというのが定石でした。問題は、従来のやり方だと、このプロセスの過程で10回のうち9回以上は失敗するということです。シリコンバレーやベイエリア（アメリカ西海岸のサンフランシスコ市周辺を示す言葉）のような、非常に成熟したスタートアップ・エコシステムがあるところですらそうなのですから、発展途上のエコシステムでは言うまでもありません。

よくある失敗の原因は、投資家から得た資金が足りなくなって資金繰りができなくなった、チーム・コンピテンシー（訳注：チームとして協働するために必要な能力）が不足していた、作った商品が時流に即していなかった、流通網が不十分だった、立ち上げコストが高すぎた、などです。スタートアップスタジオに入れば、これらの課題にうまく対処することができるでしょう。

スタートアップスタジオの組織形態は、一つの撮影スタジオ内で複数の映画作品が同時進行で製作される、ハリウッドの映画スタジオに似ています。同時進行で製作できるのは、繰り返し可能なプロセスが根づいていて、それによって成果を上げてきたからです。スタートアップスタジオで経験を積んだ起業家なら、その後自身の会社を立ち上げ、組織を運営することになっても、同じようなことができると考えています。

「スタートアップスタジオとはこういうものだ」と定義し、逆に「これはスタートアップスタジオではない」と分類するのは、とても難しい作業でした。この本を書きながら、私なりに考えた定義はこうです。

スタートアップスタジオとは、同時多発的に複数の企業を立ち上げる組織である。

この単純な原則をどう実行に移すかは、スタジオの創業者や、組織運営のビジョンによってさまざまです。しかし、運営プロセスはどのスタジオもある程度共通していました。スタジオを立ち上げ、運営していく一般的な手順は、次のようになります。

1. スタジオの中心となるコアチームおよび起業家を招聘する
2. スタジオに所属する人全員が共有できるインフラと、運営資金を準備する
3. 事業のアイデアを考え、場合によっては共同創業者のように振る舞う
4. 複数のスタートアップを並行して立ち上げる
5. うまくいかないアイデアは捨て、そのアイデアを育てることに携わっていたチームメンバーを配置転換する（結果、ノウハウはすべて残る）
6. うまくいきそうなアイデアを独立させて、専門の別会社を設立する
7. 優れたアイデアを成長させ、イグジットさせるまでを繰り返す

既述のように、こうした特徴を持つ組織を、「ベンチャービルダー」「スタートアップファクトリー」「ファウンドリー」と呼ぶ人もいます。その名称によって、手がける内容も少しだけ異なるようです。

■「スタートアップスタジオ」または「ファウンドリー」は、起業家と組み、アイデアを一緒に練ることを重視し、独自のスタートアップを創出する組織である。

■「スタートアップファクトリー」または「イノベーションコンベアー」は、スタートアップを大量に生み出すことを目指す組織である。自動車メーカーのフォード・モーターを創設したヘンリー・フォードが、『T型フォード』を生産する時に行ったように、スタートアップの創出プロセスを細分化してベルトコンベアーに乗せる。

■「ベンチャービルダー」は、事業を立ち上げることに特化した組織であり、必ずしも起業――リスクは高いが見返りも大きい選択肢――にはこだわらない。従来のようなやり方で事業を立ち上げることも検討する。

とはいえ、これらの違いはわずかなもので、私はいずれも「スタートアップスタジオ」と呼んで差し支えないと考えています。

さて、難しい定義の話はここまでにして、スタジオモデルが秘める大いなる可能性につい

て説明しましょう。私がこの本で伝えたいのは、

スタートアップスタジオは、起業家やイノベーターが新しいコンセプトを次々に打ち出す上で理想的な場を提供する

ということです。そのために利用できるリソースはスタジオ内に豊富にあるので、スタジオに所属する起業家やイノベーターは商品開発と顧客開拓に専念できます。また、スタジオは投資家に安定したディールフローをもたらす存在にもなり得るのです。

２００４年にグーグルが買収した写真管理サービスのピカサ（Picasa）をはじめ、数多くのスタートアップを輩出してきたイデアラボ（Idealab）がこの分野に参入して以来、スタートアップスタジオは増加の一途をたどっています。

成功を収めた起業家が興したスタジオもあれば、投資家や投資会社が興したスタジオもありますが、中でも有名なのはロケット・インターネット（Rocket Internet）やベータワークス（Betaworks）、サイエンス（Science Inc.）、イーファウンダーズ（eFounders）などです。さらに、最近は大学で生まれた研究の収益化に特化したスタジオも出始めています。

つまり、スタジオとはスタートアップをより効率的に立ち上げる方法論でもあるといえま

す。

2015年に行った調査の前半で、私は51のスタジオと212の投資先企業の公開データを調べました。すると、いくつかの興味深い傾向が見えてきました。

■2010年以降、投資先企業への資本参加は対前年比48％の増加を続けている。

■2008年以降、スタジオ各社はベンチャーキャピタルから総額40億ドル（1ドル100円換算で約4000億円）を超える資金を調達している。

■スタートアップスタジオから生まれるベンチャー企業は年々増加しており、対前年比で15％を超えている。

■ローンチ（訳注：新しい商品やサービスを一般に公開すること）から3年前後で買収された投資先企業が14社ある。

スタートアップのエコシステムが十分に育っていない地域では、スタジオが組織運営に必要な人材、資金、機会を提供することによって、起業家が新たな挑戦をするチャンスが増えるかもしれません。

スタートアップ関連の雑誌や情報サイトをチェックすれば、この新しいモデルが起業のプロセスを変えつつあることがより鮮明に理解できます。

「起業家が投資家に転身するのは、シリコンバレーでは昔からあるストーリーだ。しかし最近は、このプロット（訳注：小説などを書く際の設計図となるもの）にひねりが加わるようになった。ベンチャーキャピタルに参加するというこれまでの道を捨て、人によってはスタジオのような持株会社を創出するようになっている」

――〈TechCrunch〉

「アメリカとヨーロッパでは、この『スタートアップスタジオ』が次第に人気を集めてきている」

――〈Tech.eu〉

「スタートアップスタジオとは、アイデアを商品に、商品を企業に発展させる場所を意味する。スタートアップスタジオは無駄のない効率がいい組織であり、新商品を素早く生み出し、テストできるおかげで、従来の硬直したスタートアップ・モデルよりもずっと柔軟性がある」

――〈RyanNegri.com〉

「スタートアップスタジオのオーナーに聞けば、彼らのほとんどは、『発見』と『トラクション（訳注：成長の弾みをつける取り組み）』を専門的にやっているだけだと答えるだろう」

――〈TheNordicWeb.com〉

読者の中には、ここまでの内容を読んで「スタートアップスタジオは本当に自分に合う仕組みなのだろうか？」と疑問に感じている人もいるかもしれません。ベンチャーキャピタルやインキュベーター、アクセラレーターがやっていることはよく知られていますが、スタートアップスタジオが実際にどんな活動をしているのかは詳しく知られていないからです。現時点で詳細を知っているのは、従来の起業の枠組みから抜け出したいと考える、ごく一部の人たちだけです。

そこで、スタートアップスタジオが従来の起業支援とどう違うのかを、簡潔に書いておきます。

インキュベーターやアクセラレーターは、スタートアップしたチームを指導したり、相手の株式と交換で投資したり、有償で事業に必要なインフラを提供したりすることに重きを置いています。一方、スタートアップスタジオはスタートアップそのもの、つまり商品とチームと企業をつくっています。それも、次から次へと。

さらに、スタートアップスタジオはほとんどの場合、支援する企業のレイターステージにも大きく関与し続けます。

起業家やイノベーターがスタートアップスタジオに参加するメリットはさまざまです。〝客員起業家〟のような共同創業者を見つけることもできれば、スタジオ内にいる各職種のスペシャリストがあなたのチームに参加してくれる場合もあります。

あなたが過去にイグジットを実現したことのある経験豊かな起業家であれば、自らの専門知識とネットワークを活かしてさらに多くのスタートアップを設立できるように、自身のスタジオを立ち上げた方がいいかもしれません。

私たちは2015年、「ビッグ・スタートアップスタジオ・スタディ（Big Startup Studio Study）」というプロジェクトを立ち上げ、世界各地で51のスタジオを調査しました。そして、2016年に入ってからもう一度調査を行ったところ、なんと150以上のスタジオを発見したのです。これにはとても驚きました。

つまり、世界中の成功した起業家や投資家が、スタートアップスタジオが展開する新しいベンチャー創出方法がどれほど効果的であるかに気づき始めたのです。

また、2016年は、スタートアップスタジオの資金調達という点でも特別な一年になりました。ギャレット・キャンプ（Garrett Camp）が設立し、サンフランシスコに拠点を置くエキスパ（Expa）は、1億ドル（約100億円）を調達しました。スペインのアンタイ（Antai）は、2500万ユーロ（1ユーロ130円換算で約32億円）の投資金額で事業を強化しています。ドイツのフィンテック専門カンパニービルダーであるフィンリープ（FinLeap）は、1億2100万ユーロ（約157億円）の評価額で2100万ユーロ（約27億円）を資金調達しました。他にも資金調達の事例は増え続けています。

同時に、スタートアップスタジオの中で起業した後、イグジットする企業の数も増えています。近年大成功した例といえば、ダラー・シェイヴ・クラブ（Dollar Shave Club）の10億ドル（約1000億円）のイグジットでしょう。これは、ロサンゼルスに本拠を置くスタートアップスタジオのサイエンス（Science Inc.）が、2016年に行った3つのイグジットのうちの一つでした。

さらに昔ながらのアクセラレーターまでもが、スタジオモデルを採用し始めています。例えば、シリコンバレーの著名なアクセラレーターである500スタートアップス（500 Startups）が、500ラブズ（500 Labs）と呼ばれる取り組みを始めています。これは、500スタートアップス本体の中に、スタジオモデルを導入するというものです。

こうして現在進行形で進化を続けるスタートアップスタジオの仕組みを詳しく紹介するのは、とても実験的な試みです。スタートアップスタジオに特化した初めての解説書を完成させるまで、私はベンチャービルダーに関する断片的な情報を集め続け、大事なポイントは何なのかを考え続けてきました。

一連の作業は非常に刺激的な挑戦だったので、読者の皆さんにもぜひ、スタートアップスタジオがどんなふうに自分の助けになるのかを見つけてほしいと思っています。そして、可能ならば、本書に書いてあるコンセプトを、あなた自身がどう活用したのかを教えていただけないでしょうか？

特に、スタートアップスタジオに関連した挑戦や発見について、あなたの体験談を聞かせてほしいと思っています。皆さんの助けがあれば、この素晴らしいスタートアップ創出モデルについて、私たちは細かな違いを隅々まで知ることができるでしょう。

フェイスブック、リンクトイン、スラックで私たちのグループに参加し、体験談や質問や意見をシェアしてください。私へのコンタクトはリンクトインかツイッターでお願いします。

すべてのリンク先については左記のサイトに載っています。

http://www.startupstudioplaybook.com/community

本書の構成

スタートアップスタジオの実態をわかりやすく説明するために、本書では次のような章立てで、さまざまなケーススタディや各スタジオの逸話、最高の成功事例を紹介していきます。

■一章：スタートアップスタジオの基本　この章は、「スタートアップスタジオとはどんなものか?」を説明する入門編です。スタートアップスタジオの定義、組織を構成する主要な要素、ビジネスロジック、業務を遂行する上での基本について紹介しています。

■二章：ベータから生まれる　この章では、アメリカのニューヨークを拠点とするスタジオのベータワークス（Betaworks）が成功に導いたスタートアップの中から、デクスター（Dexter）という会社を取り上げます。また、ベータワークスがスタジオとしてどのように成功を収めているのかについても紹介していきます。

■**三章：時代の先を行く**　ここでは、アメリカ・フロリダ州のタンパに設立されたスタートアップスタジオ、ライコス（Laicos）について取り上げます。環境の整っていない中でスタジオを立ち上げた経験と、後にこのスタジオが変貌を遂げた理由や経緯について、創業者のライアン・ネグリ自らが語っています。

■**四章：完全共同所有のベンチャービルダーをゼロから立ち上げる**　この章では、廃業を余儀なくされたハンガリー・ブダペストのスタートアップから、完全共同所有の形態を取るベンチャービルダー、ラボ・クープ（Lab.Coop）が生まれた経緯について紹介します。

■**五章：メガトレンドからスタートアップを立ち上げる**　この章では、ウクライナやフィンランドに拠点を持つスタートアップスタジオのミディアラボ（Midealab）が、いわゆるメガトレンドを見極めるためにしていることや、世界展開の可能性を秘めたアイデアの生み出し方を披露しています。

■**六章：文化は動詞**　この章では、オランダ・アムステルダムに拠点を置くスタジオのバックスペース（Backspace）が、とりわけ企業の「文化」に焦点をあてながら、スタジオ設立の経緯を語っています。

■七章：ゲームプラン　ここでは、ヨーロッパで最も成功したスタジオの一つであるイーファウンダーズ（eFounders）が、アイディエーション（訳注：アイデアを出し合いながら価値を評価し、練り上げていくこと）からポートフォリオ管理まで、同社の運営ガイドラインの一部を自ら紹介しています。

■八章：限界を押し広げる　この章では、ブダペストに拠点を置くスタジオのドルッカ・スタートアップスタジオ（Drukka Startup Studio）が、スタジオモデルの限界にどのように挑んでいるのかを紹介します。

■九章：増加するコーポレート・スタートアップスタジオ　ここでは、大企業がイノベーションを起こす上での課題を取り上げ、スタジオモデルを採用することでその課題がどう解決されるのかを見ていきます。

■十章：スタートアップスタジオ戦略　この章では、フランスのスタジオであるアドベンチャーズ（adVentures）が、自分でスタジオを立ち上げる前に解決すべきハイレベルな課題を提起しています。

■十一章：イノベーションコンベアー　この章では、スタートアップスタジオの事業モデルが、起業の歴史上どういう位置を占めるのかを俯瞰的に考察します。

■十二章：スタートアップスタジオ2・0　最後の章では、アメリカン大学のMBA（経営学修士）の学生グループが調べた複数のスタジオモデルを取り上げ、過去の起業モデルに照らして分析しています。

さて、ここからは、さっそく一章の「スタートアップスタジオの基本」を紹介していきます。この章に記してある基本を押さえれば、後の章に出てくるさまざまなケーススタディにより集中しやすくなるでしょう。

一章

8つのポイントで徹底分析

スタートアップスタジオの基本

この章を特に読んでほしい人たち

スタートアップスタジオ

起業家、起業志望者

大企業の人たち、大学関係者

投資家

スタートアップスタジオの運営は、なかなか大変なチャレンジとなります。中心となるコアチームは、的確なアイデアを、実行に適したタイミングでピックアップしなければなりません。また、スタジオ内に複数のスタートアップがある中で、どこにどれだけのリソースを配分するかバランスを取りながら、投資と企業のスピンオフ（分社化）両方をしっかりとフォローし続けなければなりません。

では、スタジオ運営の主要なポイントについて詳しく見ていきましょう。

スタートアップスタジオの創業者は誰か？

成功しているスタートアップスタジオは、その成り立ちという点において、大きく2つに分類できます。

企業が興した組織か（イノハブ・メキシコ〈InnoHub Mexico〉など）、大きな財を成した起業家が興した組織か（イデアラボ〈Idealab〉やベータワークス〈Betaworks〉、サイエンス〈Science Inc.〉、イーファウンダーズ〈eFounders〉、クエーサー・ビルダーズ〈Quasar Builders〉など）のどちらかです。

スタートアップスタジオを創業した人たちの経歴を見ると、ほとんどがベテランの起業家、すなわち過去に何かしらの事業を成功させ、イグジットを実現した経験のある人たちです。彼らは成功を収めてもなお、より効率的な起業の道を模索していました。

南米のベンチャービルダーであるクエーサー・ビルダーズの最高経営責任者、パブロ・シモン・カサリノはこう言っています。

「会社をつくりたかったが、従来の起業とは異なるアプローチにしたかった。なにしろ今は、投資家も四六時中、経営に関与する時代だから」

ハンガリーにあるドルッカ・スタートアップスタジオ（Drukka Startup Studio）の創業者、タマーシュ・ボーナーは、15年の間、主に不動産投資を行っていた人物で、ドルッカを興す前はエンジェル投資家（訳注：スタートアップを助ける個人投資家）としていくつかの意欲的なスタートアップに投資を行っていました。しかし、彼は投資先の企業に大きな影響力を行使できないという状態に不満を感じていました。そして、もっと投資先の経営に関与できる仕組みを望んだ結果、投資をスタジオに一本化したのです。

カサリノやボーナーのように、ただ投資をするだけでなく、経営にも積極的に参加したいという思いが、スタジオの経営に乗り出す一つの理由になっています。

また、起業のプロセスそのものを改善したいという思いから、スタジオを始めるケースもあります。イーファウンダーズのティボー・エルジエールとエス・エフ・ビー・アイ（sFBI）のイーノン・ランデンバーグは、並行して複数の起業を支援することにこそ価値があると考えています。多くの有能な人材に輝くチャンスを提供し、世の中に付加価値を与える商品を数多く生み出すには、スタジオが効率的な方法なのです。

余談になりますが、スタジオの創業者が過去に事業で成功しているということは、彼らの持っているノウハウだけでなく、資本金も提供できるということです。最適な事業規模を目指すために大きなチームをつくる際は、安上がりにはいきません。かといって、投資家の気持ちを動かすには時間がかかりますから、スタジオ内に元手があるのは大事なことです。

一般に、創業者のバックグラウンドは、スタジオがどんな事業に注力するのかを決定する要因になります。創業者の持つネットワークが、同じ産業で新たにスタートアップを立ち上げる際の良い基盤となるからです。例えば、ジョン・ボースウィックとジョシュ・アウアバックが率いるベータワークスは、メディア産業に深いかかわりを持っています。だから、同社はメディア関連のスタートアップにこだわり続けているのです。

投資家や起業家がスタジオの経営に乗り出す理由に話を戻すと、三つめは、事業が失敗した後を考えてのことかもしれません。通常、スタートアップが失敗すると、チームは解散します。創業者はチームのノウハウと団結心のすべてを失い、メンバーは全員が別の何かを始めることになります。

でも、なぜ、せっかくつくったチームをみすみす手放すのでしょう。そんなことをしなくても、自分たちの開発した商品では結果が出ないと全員が合意したら、チームをスタジオに転換すればいいのです。創業チームの全員で共同所有の形を取るベンチャービルダーのラボ・クープ（Lab.Coop）は、まさにそうして誕生しました。

近年では、自前のスタジオを立ち上げる大企業がますます増えています。保険業界大手のアクサ（AXA）もその一つです。同社はキャメット（Kamet）というスタジオを立ち上げ、アクサの社員や外部の起業家がそこで新しいイノベーション・プロジェクトに取り組めるようにしています。

このケースのように、大企業が自社のスタジオを持つ利点は、会社本来の方針や制約からイノベーションを生み出すプロセスを切り離せるところにあります。

また、グーグルは組織を再編して持株会社のアルファベット（Alphabet）を設立しましたが、その後どうなったかを見てください。それぞれの事業をアルファベットの傘下に置くという新しい仕組みを得たことで、事業単位でそれぞれに適した方向に伸びていく可能性が高まっているのです。

スタジオの長期ビジョンといえば、定番は、スタートアップ創出の持続的な流れをつくり、業界を一変させ、さらなるスタートアップを立ち上げやすくする起業家プラットフォームを築くことでしょう。それがすべてうまくいけば、数年のうちには、Yコンビネーター（Y Combinator）が持つようなスタジオ中心のネットワークが構築されることになります。

ベータワークスは、さまざまな点で、すでにこのビジョンを達成しているといえます。自社でスタートアップを立ち上げる他に、外部の企業にも投資を行っているからです。彼らが目指すのは、時代の動向に敏感でいること、スタートアップのコミュニティや影響力のあるエンジニアとかかわりを持ち続けること、そして常に学ぶことです。

スタートアップスタジオの資金調達法は？

スタートアップスタジオは非常に効率的なベンチャービルダーです。十分な人数のコアチームがあれば、商品づくりとビジネスの創出に「規模の経済」が働き始めるからです。

課題は、スタジオの人件費でチームメンバー全員を雇用し続けることでしょう。大きなスタジオでさえ、最初は必要となる資金を外部からの調達で賄うことが多いです。とはいえ、このビジネスモデルはまだまだ普及していないため、スタジオに投資経験のある投資家はごくわずかしかいません。しかも彼らの財布の紐は堅い。

そんな状況でも、スタジオを軌道に乗せるための資金を得るには、以下のような選択肢があります。

1. 創業者の財産

先ほど触れた通り、成功したスタートアップスタジオはほとんどの場合、企業か、すでに財を成している起業家のどちらかが興したものです。しかも創業者が大きなイグジットを果たしていれば、自分のスタジオの創業期に資金を出し、自給自足のレベルに持っていくのは難しいことではありません。

2. 受託業務・開発代行業務

スタジオの中には、リソースの一部を使って受託業務を行うところもあります。その場合、受託業務のキャッシュフローを利用して、内部でスタートアップを立ち上げます。この手法の最大の課題は、短期目標と長期目標とのバランスを見極めなければならないことです。スタートアップのプロジェクトだけに注力して報酬の高い受託業務を手放すのは、たやすいことではありません。

3．ベンチャーキャピタル（VC）のファンド

豊富な経験と広い人脈を持つ創業者がいれば、スタジオ創設の資金をベンチャーキャピタルから調達できる場合もあります。例えばクエーサー・ビルダーズも、そうした経緯があって、カリフォルニア州サンマテオのVC、エマージェンス・キャピタル・パートナーズ（Emergence Capital Partners）から資金を調達することができました。

4．大企業からの資金

スタジオモデルに価値を見いだす大企業はますます増えています。このケースの場合、企業がスタジオに資金を出し、自社の長期目標と一致するスタートアップを立ち上げさせます。アクサは、「保険テック」領域のスタートアップを立ち上げるために、1億ユーロ（約130億円）の資金を投じて先述のキャメメットを設立しました。また、自動車メーカーのジャガー・ランドローバー（Jaguar Land Rover）は、モビリティ・スタートアップ創出のためにインモーション（InMotion）を設立しています。イノハブ・メキシコも、メキシコの大手企業3社が中堅・中小企業の顧客向けソリューションを構築するために立ち上げたスタジ

オです。イノハブがスタートアップを立ち上げると、その企業の創業者はイノハブが持つ顧客ネットワークにアクセスできるという仕組みです。

5. ファミリーオフィス、エンジェル投資家、個人投資家

多くの場合、投資家は、ベンチャー単体ではなく持株会社であるスタートアップスタジオに直接投資する方法を模索しています。その方がさまざまなスタートアップで構成されるポートフォリオに投資する機会が得られるからです。通常のエンジェル投資よりも株式割り当ての条件が上がり、しかもポートフォリオレベルで見れば失敗のリスクが少ないことから、魅力的に思えるのかもしれません。とはいえ、投資の新分野であるスタートアップスタジオは、もっと強固に投資家との関係を築いていかなければならないでしょう。

投資家と長く続く関係を築くために、新規の投資家にはスタジオとして一元的にアプローチすることが得策です。スタジオのコンセプト、現在のポートフォリオ、スタートアップのトラクションなどについて説明しましょう。信頼を得るには時間がかかりますが、スタジオが抱えるスタートアップの1社でも投資を得られれば、次の投資はずっと受けやすくなるかもしれません。勝機を増やすには、質の高いディールを提供し、約束した結果を確実に出すようにすることです。

スタジオがスタートアップの株式の過半数を持つ場合、必ずと言っていいほど、チームのモチベーションが疑問視されます。投資家にしてみれば、チームに最大限働いてもらうには、彼らの持株が足りないのではないかと不安になるのでしょう。投資家には、スタジオのメンバーがきちんとした心構えでいることを確認できるように、スタジオのチームメンバーや各スタートアップのCEOと話をしてもらいましょう。

ただし、各スタートアップのCEOを個別に投資家の下に送った方が良い場合もあります。特に、そのスタートアップがすでに独立した企業体と専門チーム、キャッシュフローを持っているならなおさらです。

スタートアップの一つをピッチコンペ（訳注：「ピッチ」は商品やサービスを売り込むためのごく短いプレゼンテーションのこと）で紹介するなら、スタジオのことは細かく説明しない方がいいでしょう。投資家や審査員はたいてい、スタジオの仕組みについてはほとんど何も知りません。そのため、一般的な3分のピッチでスタジオの意味合いをすべて説明するのは困難だと思われます。近い将来は、それも変わってくるでしょうが。

スタジオはスタートアップのアイデアをどこから持ってくるのか?

スタジオの基本は、スタートアップを次々と立ち上げることです。そのためには、アイデアの「健全な供給路」が必要になります。

アクセラレーターの場合は、外部から応募者を探します。一方、スタジオは、自らアイデアを生み出し、自分たちの中からスタートアップを立ち上げる場合がほとんどです。とはいえ、創設したばかりのスタジオで事を始めるのは、なかなか大変なものです。そこで、4つの主な手順を紹介しましょう。

1. しっかりとしたアイディエーションのプロセスを設ける

アイデアや新しいスタートアップは、スタジオ内部で生まれるのが最も一般的です。ただ、中には、外部から極めて初期段階の、プレ・シード期にあるようなチームを受け入れて、そこに共同創業者として参加した上で事業の進め方に口を出すというケースもあります。

健全なアイデアプールをつくるには、アイディエーションのための定期的なセッションを設けたり、業界ニュースに目を通してトレンドや新しく出てきたチャンスを把握したり、可能性のある事柄をすべて書き留めることが必要です。そして、どのアイデアを実行するかを決めるための評価システムをつくらなければなりません。

先ほど紹介したドルッカでは、簡略化したキャンバス（訳注：ビジネスに必用な要素をいくつかのブロックに分割して1枚のキャンバスに書き出し俯瞰するもの）を使って、それぞれのアイデアについて、市場、実現性、収益性を素早く判断する評価システムを採用しています。ただし、スタジオのアイディエーションに万能な手法はありません。タイミング、チームの実行力、その業界におけるスタジオの認知度、財政的な制約など、すべての要素が影響してくるからです。

ちなみに、ドルッカではこの手順を踏むために、時々60分のワークショップを行っていますが、最後は決まって、極めて実現性の高そうなスタートアップのコンセプトに行き着きます。つまり週にほんの1時間をアイディエーションに使えば、1年で52ものアイデアプールができるというわけです。

アイデアが成功に至るのは、ほとんどが特定の業界、あるいは特定の顧客層に的を絞ったケースです。それがベータワークスの場合はメディアであり、イーファウンダーズの場合はSaaS《サース》（訳注：クラウド上のアプリケーションソフトの機能を、ネットワークを通じて顧客に提供するサービス）でした。

スタジオを始めてまだ日が浅く、余裕があるなら、さまざまなアイデアをさまざまな市場で試してみるといいでしょう。ただ、いずれは、メインとなる一つの方向で手を打たなければなりません。

もしあなたが安定した市場を激変させたいと考えているなら、その目標を達成するのに必要な業界内の知識や人脈はあるでしょうか? 才能ある人材を好きなだけ雇うことはできても、業界をきちんと理解せずに市場に参入するようでは、〝終わって〟います。そうしたリスクを軽減するなら、創業者であるあなた自身が経験と人脈のある業界を選ぶのが最も簡単な方法です。

スタジオが確固たる実績を積むまでは、輝いて見えてもよくわかっていない市場は避けなければなりません。

2.リソースの割り当てを見極める

次に重要なのは、スタジオの中で「実験」するためにリソースを割り当てることです。これは仕事というよりは、心理的にキツい作業となります。チームの構造によっては、新しいスタートアップに専任のCEOを置き、コアチームはプロジェクトごとに分かれる場合もあるでしょう。また、コアチームが手薄で、市場調査やインベスター・リレーションズ(IR)が弱い場合もあるかもしれません。さらには、スタートアップに専任のCEOとCTO

（最高技術責任者）を割り当てるケースも考えられます。

スタジオ設立当初にぶつかる課題は、複数のスタートアップを同時に立ち上げていくという事実に慣れることです。失敗する企業も出てくるので、スタジオ内のチームは通常のスタートアップよりも早々に手を引かなければなりません。実験がうまくいけば、チームの一部はそのスタートアップの専任チームとなり、残りはスタジオにとどまることになります。

スタジオ側からスタートアップにＣＥＯを（またはＣＴＯも）専任の要員として「出向」させる場合は、他の機能はすべてスタジオ内で一元化された共有チームが提供します。一方で、スタジオが特定のスタートアップに対して専任チームを用意することもあります。このチームは多くの場合、事前に審査を受けて待機していた起業家とエンジニアで組むことになります。

組織のリーダーは、こうした人員配置のルールが全員に明快になるようにしなければなりません。また、個人の希望はできるだけ考慮されるべきでしょう。

3．成功要因と対立のマネジメント

あなたなら、スタートアップの進捗状況をどのように測り、タイプの違うスタートアップの間でどう客観的な判断をするでしょうか？　新設のスタジオは、どこに注力するかを最終決定するまでに、さまざまな市場、事業モデル、技術を試すでしょう。ということは、スタジオの経営陣は優先順位を決める時に、リンゴとオレンジを――例えば企業間取引（B2B）と企業対消費者間取引（B2C）のスタートアップ実験を――比較しなければなりません。

スタジオ内で一元化されたリソースが乏しいと、そのせいでスタートアップ間に対立が起きることもあります。この問題をスムーズに処理するために、いくつかできることがあるので見てみましょう。

■スタートアップによるコアチームへのアクセスの仕方と標準的な優先事項について明確なガイドラインを設ける。

■定期的な話し合い、例えば「スクラム（訳注：アジャイル開発の一種で、チームで仕事を進めるためのフレームワーク）」で提唱されているような立ったままのミーティングを奨励する。これによって、チームメンバー全員が短時間で現在の優先事項と今後の作業内容を認識するようになる。

■協調的な環境と職場文化を形成し、それを維持する。私たちの経験から言えば、対立が起きた時に重要になるのは、柔軟な姿勢を持つことと、直感をフル活用すること、そして起業家精神を持つメンバーに支えられた力強い文化があることだ。

4. 継続か中止かの決定

どのスタートアップを打ち切り、どのスタートアップをスピンオフさせるかは、どのように決めればいいのでしょう。その指標となるのが、実験の初期段階が終わる時点で、スタートアップに実用的なMVP（訳注：検証に必要な最低限の機能を備えた商品）と、一定数のユーザー、スケール可能な成長エンジンがあるかどうかです。

あるいは目標をさらに高くして、プロダクト・マーケット・フィット（訳注：顧客のニーズを完全に満たす商品を市場に提供できている状態）を指標にしてもいいでしょう。

こうしたマイルストーンを設定するには、スタジオがそれぞれの実験にどこまでお金や時間を割けるのかを知っておかなければなりません。ドルッカの場合は、およそ1万～2万ユーロ（約130～260万円）、期間は3カ月から半年です。一つのスタートアップにそれ以上かければ、他のスタートアップを始める機会が奪われてしまいます。それでは毎年12～15のスタートアップを立ち上げるという長期ビジョンが崩れてしまいます。

ドルッカのスタートアップは、この期間と金額の範囲でシード投資を受けられるレベルにまで到達しなければなりません。つまり、実用的な商品があり、一定数のユーザーがいてその数が増えている、そして収益もある、といったレベルです。そこに達していれば、スタートアップを投資家のネットワークに持ち込み、出資を募るシードラウンドを実施することができます。

一般に、スタジオがどの業界に注力するかは、創業者が以前にどういう成功をしているのか、どんな人脈を持っているのか、経験に基づいて一番の勝機がどこにあると考えているのか、によって決まります。スタジオの大半はＩＴ企業に的を絞っていますが、例えばロシアのナノテクノロジー・スタートアップファクトリーであるテクノスパーク（TechnoSpark）のように、要素技術の創出・発展を支援するスタートアップスタジオにもいくつか輝かしい例があります。

スタートアップスタジオのチームはどのように組織されるのか？

スタートアップスタジオの創業チームをつくるのは、スタジオに所属しない独立したスタートアップが最初にチームをつくるよりも大仕事です。後者の場合、メンバーは一つの商品、一つのビジネスに集中します。

ところがスタジオの場合は、同時に複数のスタートアップを立ち上げなければなりません。そうなると、スタートアップのプロジェクト間で境界が曖昧になることも珍しくありません。優先順位やリソースをどうするかという問題も出てきます。それでも強力なコアチームがあれば、こうした課題を乗り越え、ダース単位でスタートアップを生み出すことができるでしょう。

鍵を握るのは「リーダーシップチーム」です。つまり多くの場合、創業者自身となります。これは、アイデアや、スタートアップのスピンオフと中止、スタジオで一元化したインベスター・リレーションズなどに対して決定を下す人たちのことです。

どこのスタジオに聞いても必ず出るのは、ふさわしい人材を見つけるのが最大の課題だという声です。必要なのは、起業家的思考を程よく持ち合わせ、複数の、それも対立する優先事項を抱えていることも珍しくないスタートアップの運営に取り組める、相互補完的な共同創業者です。そして、起業家並みにリスクを厭わず、完璧なまでの情熱を持って物事に取り組みながら、必要とあれば別のスタートアップに軸足を移すこともできる人材の取り合わせです。

スタジオのポートフォリオを構成する企業の共同創業者（「客員起業家」と呼ぶこともあ

ります）を雇う際には、起業経験または起業家としての資質を持った人物を探しましょう。対象者に起業の経験がなくても、経験の乏しさを埋め合わせる環境はスタジオが提供するので、起業に対する姿勢の方がより重要となります。その意味でスタジオは、初めて起業する人にとって格好の出発点でもあるのです。

さらにスタジオは、必要な機能を網羅するために、コアチームを編成しなければなりません。理想を言えば、開発、デザイン、マーケティング、営業、法務、総務など、スタートアップが必要とするすべての機能をスタジオ側で提供すべきです。

とはいえ、はじめのうちは、継続して何人雇えるか？によってそれも限界があるでしょう。ただ、スタジオに一定規模のコアチームがあるおかげで、所属する個々のスタートアップは、通常のスタートアップに比べて人件費を削れるというメリットがあります。

人材を確保したら、次はチームをどう編成するかを考えなければなりません。極端な例を挙げれば、ベータワークスのように、スタートアップがそれぞれ独自の専任チームを持つスタジオもあります。また中間的なものとしては、クエーサー・ビルダーズのように、一部の機能（市場調査、初期の商品開発）を一元化し、スタートアップを立ち上げた時のためにCEOとCTOの候補者をスタンバイさせておくスタジオもあります。さらには、ドルッカのように、ほぼすべての機能をスタジオで一元化し、新しいスタートアップを立ち上げた当初はCEOのみが専任するケースもあります。

さて、ここで重大な問題が生じます。スタジオは報酬（訳注：報酬には、固定給やインセンティブ、福利厚生などの「金銭的報酬」と、仕事のやりがいや周囲からの評価といった「非金銭的報酬」の2つの要素がある）の扱いをどうするのか？という問題です。高い給料は必須となります。何といっても、どんなスタートアップを立ち上げるかについてはスタジオのリーダーの方がずっと影響力を持つわけで、ポートフォリオ企業の共同創業者は、一方では起業家であるものの、一方では雇用者の立場にあるわけですから。

また、この本を書く際に行った調査で、各スタジオから得た回答によれば、スタジオは各スタートアップの株式比率の30〜80%、平均で50%を獲得します。かなりの比率に思えますが、多くの場合、アイデアとインフラ、人材、お金を出すのはスタジオで、起業家はそうしたピースをつなぎ合わせればいい〝だけ〟です。それを考えれば、スタジオがなぜそれほどの比率を保有するのかも見えてきます。

「コントロール」については、扱いの難しい問題です。一般に、どのスタートアップを立ち上げ、どれを立ち上げないかは、スタジオが最も強い影響力を持ちます。ただ、スタジオによっては、共同創業者が主導権を握っているケースもあります。いずれにしろ、スタートアップが企業として立ち上がり、チームが発足すると、共同創業者は独立して動くことになりますが、いつでもスタジオの「経験」と「リソース」を頼ることができます。

なお、スタジオの運営についてもう一つコツを挙げるなら、すべてのポートフォリオ企業に何らかの役割分担をしてもらうような資本プールをつくるのも手かもしれません。そうすれば、どのスタートアップが成功するにしろ、スタジオに所属する誰もがその成功に関与することになります。

今のところ、このようなモデルを採用しているスタジオは見つかっていませんが、この先の章でさらに掘り下げることにしましょう。

スタートアップスタジオの日常的な活動は？

スタジオの一番の資産は、スタートアップをダース単位で創出する総合的な能力です。この能力を活かすには、円滑でしっかりとした業務プロセスを構築することが必要になります。これを確実にマスターするために、まずはスタートアップ立ち上げの主な段階を明確にし、各段階で必要なすべてのサブ工程とツールを見ていきます。

アイディエーションと資金調達については、すでに説明しました。ここでは立ち上げと成長について見ていきます。ただし、これは一つの例にすぎないので、それを忘れないでください。どういう段取りを踏むかは、スタジオによってさまざまです。

■検証ラウンド1

例えば、形になるのを待つばかりのアイデアが10個以上あるとします。まずは、どのアイデアを優先するかを考えなければなりません。そのためには、すべてのアイデアについて、3つのカテゴリーで5段階評価を行うのが手っ取り早いでしょう。

3つのカテゴリーとは、「この商品を世に出すことによって解決したい問題とはどの程度深刻なものか」「市場はどのくらいの大きさか」「イノベーティブで急成長する商品を作ることのできる自信は直感的にどの程度あるのか」です。

最も評価の高いアイデアが勝ち残ります。アイデアが決まれば、次はCEOを招聘します。CEOは、まずはスピード重視で市場調査を行います。ニュース、競合相手、トレンド、ユーザーの意見をインターネットなどで調べるのです。

ツールに関しては、この段階では、シンプルなペン、紙、閲覧ソフトで十分でしょう。あるいはグーグルが提供するスプレッドシートや、アイデアデータベース、トレロ（Trello）、アサナ（Asana）などを使い、もっと手をかけてもかまいません。

この作業には数日から数週間くらいかかるかもしれません。作業が済めば、後はいつでも最初の商品の企画と開発に入れます。

■**最初の商品づくり**

次に、ユーザーが惚れ込む商品を作ります。ドルッカでは、CEOと技術やデザインのチームが同席して最初の商品の企画を立て、モックアップを考えられるようになっています。プロトタイピングツールはどれでもスタッフの好みのものを使いましょう。

ちなみに私のお気に入りはペンと紙、インヴィジョン（InVision）、フォトショップ（Photoshop）などです。

この作業は素早く行わなければなりません。1週間から、最長でも2週間。コア機能を一つ持たせて、洗練されたデザインにします。一般消費者向けの商品を作るのであれば、最初のマーケティング・キャンペーンを行ってユーザーが獲得できるかを試し、ユーザーテストができれば十分でしょう。

一方、企業間取引（B2B）の商品づくりでは、状況はまったく違ってきます。例えば大企業との契約を取って展開させていくようなビジネスの場合は、長く根気のいる戦いです。はじめから、じっくりと進めていくことが必要になります。

■検証ラウンド2

さて、これで商品は（ランディングページも含めて）準備が整ったので、今度はユーザーを獲得し、持続可能な成長エンジンが見つかるかを試します。フェイスブックなどのＳＮＳやグーグル・アドワーズで小さく広告を打つなど、とにかく何人のユーザーが獲得できるかを数百ドル程度で確認できる方法を試すのです。

続いて、さらに徹底したユーザーテストを行います。ここで取り入れるのは、リーン・スタートアップで言うところの「構築」「計測」「学習」のサイクルです。つまり、優良なスタートアップでは必ず行っているように、ユーザーのフィードバックを基に商品に改良を加えます。そして必要なら、ピボット（事業の方向転換）もする。それを繰り返します。

■成長とシードラウンド調達

プロダクト・マーケット・フィット（ＰＭＦ）を達成したと思えたら、シードラウンドでの資金調達に備えます。ツールについては、投資家への売り込みを行うためのプレゼンテーションツールと、適正なビジネス予測を行うためのツール（ウィンドウズのエクセルや、グーグルのスプレッドシートなど）が必要になります。

幸い、スタートアップスタジオでは、成功したポートフォリオ企業がいくつか出てくると、投資家と話がしやすくなります。ドルッカはこの強みを活かし、スタートアップをスピンオフさせて素早く成長させられるように、迅速にシードマネー（訳注：起業するための資金）を調達しています。

■ポートフォリオ管理

ご存知の通り、個々のスタートアップでは、リーン・スタートアップやデザイン思考、アジャイル開発のような方法が採られます。しかし、スタジオ側には、すべての企業をまとめておくためにポートフォリオ管理に関するさらなる知識が求められます。ポートフォリオとなるスタートアップをどう評価するか、継続か中止かを決める際にどんなサインを考慮に入れるべきか、を考えるのもその一つです。

またこの段階では、各スタートアップのＣＥＯは、何らかの定型的な「報告書」をスタジオ側に送ります。その際は、ある程度の柔軟性を持たせておきます。それと忘れてはならないことが一つ。スタジオがさまざまな種類のスタートアップを立ち上げる場合、経営陣はリソースをどう配分するか、スピンオフを実行するかやめるかなどを判断する際に、〝リンゴとオレンジ〟を比べなければならないケースも出てきます。

報告書用のツールについては、シンプルなプレゼンテーションスライドを使ってもかまいません。経営側が徹底してシンプルを好むなら、テキスト形式のメールでも十分でしょう。

■コアチーム管理

コアチームのメンバー（デザイン、開発、マーケティング、事務管理など）は、たいていの場合、いくつものスタートアップを掛け持ちしているので、彼らの時間を管理する必要があります。それには、トグル（toggle）のような簡単な管理ツールがあれば十分でしょう。

ファイルの共有や内部のコミュニケーションなどはもっと簡単です。メールとグーグル・ドライブ、ドロップボックス（Dropbox）などのオンラインストレージ、そしてよくある使いやすいツールがあれば十分です。ここはできるだけ簡易なものにしておきましょう。

ただし、スタートアップがシード投資を受けたら状況は変わります。投資家の要求に従う必要があるからです。

■アイデアを捨てる

次は、難しい問題に移りましょう。あまりうまくいっていないスタートアップの中止判断についてです。これはとても重要で、スタジオにおいて、先の見えないスタートアップにリソースを割き続けるのは望ましくありません。そこから手を引き、もっと見込みのある新しいプロジェクトに力を注いだ方がはるかに効率的です。

これは口で言うほど簡単なことではありません。スタジオには、さまざまなタイプのスタートアップがあるからです。それに、どれが成功し、どれが成功しないかをはっきり結論づけるのは、難しい場合もあります。しかも、やめるとなれば感情的な問題にもなりかねません。特に、そのプロジェクトに打ち込んできた人にとってはなおさらです。

例えば、ドルッカのスタジオにはオフィックスト（Offixed）というスタートアップがありました。彼らはオフィス用品の注文を従来よりも簡単にしてコスト効率を高めるソリューションを生み出し、市場を激変させたいと考えていました。そこで、輸出入業を立ち上げて成功していたベンスという人物をCEOに迎え、事業に乗り出すつもりだったのです。

ところが数カ月もすると、中欧と東欧のオフィス用品市場に進出するのは思ったほど簡単ではないとわかりました。ブレークスルーを期待して、もう半年ほど粘ることもできたかもしれません。しかしそれではあまりにもリソースを使いすぎてしまう。そうなれば、さらなるスタートアップの立ち上げができなくなります。そこで、CEOとの合意の下、ドルッカはオフィックストの事業を中止しました。

と、ここまでは悪い話ですが、うれしい驚きもありました。短い休暇を取った後、ベンスが新しいアイデアを持ってスタジオに戻ってきたのです。聞けば、流通市場でｅチケット（電子航空券）を転売したり購入したりするのはかなりの苦労があるようです。そして、西欧の市場にはそれを解消する手立てがあるものの、ハンガリーや中欧・東欧地域はまだその対象ではありませんでした。そこでベンスは、ｅチケットを簡単で安全に売買できるプラットフォームを構築しようと提案してきました。ティケシング・ドットコム（Tickething.com）の誕生です。

スタジオのコアチームの奮闘と、ベンスの素早い顧客発見のおかげで、最初の商品は数週間で準備が整いました。ティケシング・ドットコムは好調なスタートを切り、売り手も買い手もすぐにこのプラットフォームを使ってくれるようになりました。そして2〜3カ月後、この事業は無事にシードラウンドを終え、新しいスタートアップが生まれたのです。

一つのアイデアから別のアイデアへとこうも素早く移ることのできた背景には、３つの鍵がありました。

1．素早く明確な決断を下す

最悪なのは、プロジェクトを打ち切るという苦渋の決断をいつまでも先延ばしすることです。それでは関係者すべてをどっちつかずの苛立たしい状態に置くことになります。そんな事態を招くより、成功と失敗を判断する明確な基準や、厳しい期限、あるいは事業に弾みをつけるための予算を設定する方がはるかにいい。そうしてスタートアップが成功の基準に達すれば、事業はそのまま継続。シード資金の調達までに必要なら、さらにリソースをつぎ込みます。そして基準に達しない場合は、素早く見切りをつけて、次に進みましょう。

2. チームには仕事面でも心理面でも準備をさせておく

スタートアップAがスタジオ初のプロジェクトであれば、おそらくスタッフの大半はそのプロジェクトにかかりきりになるはずです。そうなると、いざ打ち切りとなっても、あきらめるのは簡単ではありません。その負担をやわらげるには、スタートアップAにかけていた手間を減らし、スタートアップBの作業を開始するのも一つの手です。その上で、失敗しかけているスタートアップAから完全に撤退するのです。

一方、スタジオに多くのリソースと進行中のスタートアップがあるなら、事はもっと簡単です。すでに投下してしまった費用のことが頭から離れないかもしれませんが、より伸びそうなスタートアップに人員を配置転換しましょう。重要なのは、いずれのスタートアップからも適切なタイミングで距離を置けるようになることです。

3. スタジオの集合的経験を強化する

通常のスタートアップと比較して、スタジオ最大のメリットの一つは、失敗しても、CEOを含めてチームをばらばらにせずに済むことです。つまり、スタジオ内にはやがて集合知の一大基盤が築かれることになります。そうなれば、次のスタートアップはもっと楽に立ち上げられるようになります。

このチャンスを活かすために、失敗に終わったそれぞれのスタートアップについて、「死因分析」をしてみるのもいいでしょう。というより、ぜひとも行うべきです。そして新たにスタートアップを始める際はぜひ、事前に「死亡前死因分析（訳注：プロジェクトを始める前から失敗だったと仮定して、その原因を分析すること）」を行ってみましょう。全体として、スタジオには、アイデアを葬ることに報いる文化が必要なのです。

ポートフォリオ企業のスピンオフとイグジットの戦略は？

スタートアップがある程度うまくいっているのに、当初の予算を使い果たしてしまったら、あなたならどうしますか？　そのうち投資を受けられるだろうと期待して、とりあえずスタートアップを中断しますか？　それとも、さらなる成長を促すために、予算を増額しますか？　また、投資を受けたスタートアップがスタジオから独立できたら、どうするでしょう？

新しい会社では専任のチームをつくらなければならないので、いきなりサポートを打ち切るのは厳しいように思えます。従って、サポートを続けながらスムーズに移行するのが賢明でしょう。

ですから、追加投資を得た後に、スタジオがどんな役割を担うのかも決めておかなければなりません。スタジオの多くは、例えば取締役を送り込んだ上で、経営に積極的に参加する共同創業者にとどまることになります。

イグジットについては、手頃な目標を立て、すぐに出せる成果を追い、傘下のスタートアップが理想的な買収ターゲットとなるようなポジショニングを目指しているスタジオもあります。こうしたスタジオは、イグジットで得た資金を使ってさらに多くのスタートアップを立ち上げます。一方で、長期的な運営計画を立て、ユニコーン企業（訳注：評価額が10億ドル以上の非上場のベンチャー企業）を生み出すことを狙って、市場を丸ごと支配するのを目標にするスタジオもあります。長期的にどこを目指すのか、自分の中でも、チームに対しても、明確にしておかなければなりません。

個人的には、発展途上のスタートアップ・エコシステムにあるスタジオは、アーリーステージでのイグジットを目指すべきだと考えています。アイディエーションからイグジットまで、スタートアップ立ち上げのあらゆる段階に参加する現地のベテランＣＥＯを確保するには、そうすることがうってつけの方法になるかもしれません。

ここで挙げた問いを、イコライザー（訳注：特定の周波数域の音量を上げたり下げたりして全体の音質を調整する音響機器）のスライダーととらえましょう。このスライダーは、自分の可能性と願望に最もフィットした音、つまりスタジオになるように、それぞれ別々に操作することができます。

スタジオモデルのプラス面とマイナス面

スタートアップスタジオは、非常に効率のいいカンパニービルダーです。とはいえ、このモデルには大きな課題や明らかな欠点もあり、それがスタジオの創設や成長を難しいものにしています。ここでは、スタジオのプラスの面とマイナスの面を詳細に見ていきましょう。

プラス面その１：多角化と失敗に対する耐性

ディスカバリーチャンネルなどで放映され、人気番組として知られる『怪しい伝説』（原題：MythBusters）の中では、「失敗は常に選択肢の一つである」と語られていました。この言葉通り、失敗は人生につきものです。そして通常のスタートアップであれば、失敗は「旅路の終わり」を意味します。

一方、スタジオは、いくつものスタートアップを運営し、たくさんの小さな賭けをしています。そのため、失敗したとしても、チームを配置転換し、優秀な人材とノウハウを残しておくことができます。

スタートアップを立ち上げるプロセスがうまく〝イコライザー調整〟されていれば、高い費用対効果を実現し、新事業を生むサイクルタイムを短縮することができます。スタジオの創業者は基本的に、アイデアの創出と検証のエンジンとなり、実際の仕事をしてくれるスタッフを組織化するだけでいいのです。選択肢がたくさんあれば、イマイチなアイデアも捨てやすくなるでしょう。

そうしてチームを維持しながら、うまくいくアイデアが出てくるのに合わせて、人員を増やすのです。そうすることで、スタートアップに必要最小限な人材を増員していきます。

プラス面その2：投資家にとってはよりハイリターン

法人株主であるスタートアップスタジオは、一般に、傘下のスタートアップが持つ株式資本の大きな割合を占め、50％を超えることもままあります。株式保有比率が高いということは、イグジットした時にスタジオと投資家の利益が非常に大きくなるということでもあります。あなたがスタートアップシーンに良い流れを生み出すのを目的にしながら、早期のイグジットを目指すなら、スタジオモデルは投資に対する利益をいち早く返してくれる可能性があります。

プラス面その3：より有効な人材活用

スタジオでは、チームを集約し、それを各スタートアップに柔軟に割り当てていきます。通常のスタートアップには、最高の人材を雇うほどの余裕はありません。一方でスタジオには、コアチームにかける比較的大きな予算があります。大物を雇い、その人物を中心にチームをつくって、スタートアップが必要とする時にチームのスキルを分配することができるのです。

例えば、シニアデザイナーがスタートアップAの新商品のデザインにかかりきりになったとしても、その後、Aの商品がデザインからマーケティングや販売の段階に移れば、そのデザイナーをスタートアップBに割り当て直すことができます。

プラス面その4：起業の可能性を開く

スタジオは、スタートアップを立ち上げやすい環境を生み出します。しっかりとした手順があることで、初めての起業家にも成功するチャンスが十分にあります。そして、地元のスタートアップ・エコシステムにとってもプラスになります。

また、すでにスタートアップを立ち上げた経験のあるベテランCEOがいるなら、その経験がスタジオ全体を向上させ、集合知が増えることになるでしょう。

さらにスタジオは、本来ならスタートアップに乗り出していなかったような人の意欲も引き出します。会社はつくりたいけれどリスクを冒してもいいと思えるほどのアイデアがない人、あるいは、1～2年も無給になるわけにはいかない人をも奮起させるのです。

マイナス面その1：資本政策

先ほど、一般的なスタートアップスタジオは50%を超える株式資本を持つこともあると書きましたが、これまでのスタートアップの感覚で言えば、待ったをかけるような割合かもしれません。スタートアップの専任チームの所有株式が、従来のスタートアップよりも確実に減るからです。そのせいで、彼らのモチベーションとインセンティブに問題はないのか？と疑問が生じてしまうのです。

ただし、この問題の解決策は単純です。スタジオの助けを借りたい、その代わり株の持分は妥協してもいいという人を雇えばいいだけのこと。ちまたには、ビジネスの立ち上げに情熱を持ち、スタジオと一緒に決めたアイデアに尽力できる若い起業家がたくさんいます。

また、この問題のさらなる打開策は次の通りです。

■スピンオフ後もスタジオがスタートアップへの関与を続け、その成長に貢献すること。

■起業を支援する包括的なプラットフォームをスタジオが提供する旨を、すべての関係者、投資家、チームのメンバーに理解してもらうこと（スタジオは人的資本および財務資本、ネットワーク、アイデア、機会を提供することになる）。

■チームメンバーおよび候補者には、スタジオ側が考えている株式の持分計画を公表し、彼らの参加前に十分な情報を与えるようにすること。

マイナス面その2：資本集約度

スタジオがコアチームの人員を十分にそろえ、同時進行されるいくつものプロジェクトのインフラとリソース費用を負担するには、多額の初期投資が必要になります。これを避けたいのであれば、スタートアップ創出のスピードを緩めることで手を打つしかありません。

マイナス面その3：信頼性

スタジオのチームは「雇われガンマン」のようなもので、本物のスタートアップなど立ち上げられるわけがないと懸念する人もいます。そういう人たちの主張は、このようなものです。「自分のアイデアに取り組んでいるのでなければ、それほど熱心にはなれないし、全力を尽くすこともないだろう」と。

でも、私の見るところ、相手が一芸だけの人間でない限り、それは当てはまりません。私は、プロの経営者としてキャリアアップしたいと考えている人をたくさん知っていますが、同様に、起業活動とスタートアップの立ち上げそのものに情熱を持った、有能で経験のある起業家もたくさん知っています。

最後に一言、スタジオと創設者は、それ自体が信頼性の大いなるよりどころになるはずです。

議論～スタジオはアクセラレーターより効率的か？

私は、スタジオ内のポートフォリオ企業の業績が、トップクラスのアクセラレーターが支援する「通常の」スタートアップと比べてどんな状況にあるのかを知りたいと考えました。

そこで、スタジオ傘下の最も成功した23の企業と、アクセラレーターが輩出して最も成功した21のスタートアップとを比較してみました。それが左記にまとめた一覧表（表1）です。

なお、「成功している」と判断するための指標は、スタートアップのデータベースとしてその名を知られているクランチベース（Crunchbase）を調べ、資金調達額の上位を選び出しています。

これらのスタートアップを分析した結果、次のことがわかりました。

■平均の資金調達額は、トップアクセラレーターが輩出したトップ企業（2億1400万ドル）の方が、スタートアップスタジオ傘下のトップ企業（1億400万ドル）より105％多い。

■平均の雇用者数は、アクセラレーターが輩出した企業が333人、スタジオ傘下の企業が

表1：「スタジオ傘下の成長企業」と
「アクセラレーターが輩出した成長企業」一覧

スタジオ傘下のスタートアップ	
２１２メディア（212 Media）傘下	サーヴン（Saavn） スピーカブーズ（Speakaboos） スポーツヴァイト（Sportsvite）
アルキメデス・ラブズ（Archimedes Labs）傘下	ジャストミー（Just.me Inc） クイッカー（Kwicr） クイックシー（Quixey）
ベータワークス（Betaworks）傘下	ビットリー（Bitly） チャートビート（Chartbeat） ドッツ（Dots） ギフィー（Giphy） ソーシャルフロー（SocialFlow）
HVF傘下	アファーム（Affirm） グロウ（Glow）
イデアラボ（Idealab）傘下	ニュー・マター（New Matter） ウーバーメディア（UberMedia） パーフェクト・マーケット（Perfect Market）
ライトバンク（Lightbank）傘下	ベリー（Belly）
ロケット・インターネット（Rocket Internet）傘下	ダフィーティ（Dafiti） ラザダ（Lazada） ハローフレッシュ（Hellofresh）
サイエンス（Science Inc.）傘下	オーガスト（August） ダラー・シェイヴ・クラブ（Dollar Shave Club） ドッグヴァケイ（Dogvacay）
アクセラレーターが輩出したスタートアップ	
５００スタートアップス（500 Startups）系列	ライフ３６０（Life360） スミュール（Smule） ゾジ（ZOZI）
エンジェルパッド（AngelPad）系列	クリッターシズム（Crittercism） ポストメイツ（Postmates） ヴァングル（Vungle）
シードキャンプ（Seedcamp）系列	メールクラウド（Mailcloud） プロパティ・パートナー（Property Partner） トランスファーワイズ（TransferWise）
スタートアップブートキャンプ（Startupbootcamp）系列	ミント・ソリューションズ（Mint Solutions） ジ・アイ・トライブ（The Eye Tribe） トライアルビー（TrialBee）
テックスターズ（Techstars）系列	デジタルオーシャン（DigitalOcean） スフィロ（Sphero） ピルパック（PillPack）
ワイラ（Wayra）系列	エンシグニア（Ensygnia） トラスティヴ（Trustev） ウェイイン（Wayin）
Ｙコンビネーター（Y Combinator）系列	エアビーアンドビー（Airbnb） ドロップボックス（Dropbox） ストライプ（Stripe）

285人となっている。

■こと成長については、さまざまな企業を特定の側面だけで比較するのは非常に困難である。この難問に取り組むため、マターマーク社（MatterMark）が出している成長スコアに着目した。マターマークは週に一度、スタートアップが発しているさまざまなシグナル（Webトラフィック、被リンク、SNS上のやりとりなど）をキャッチアップしており、スコアは高いほど良い。この比較では、スタジオ傘下の企業の平均成長スコアは740で、アクセラレーターが輩出した企業のスコアである587より26％高い。

■これを資金調達のデータに照らし合わせ、成長スコアを資金調達額で割って指標とすると、スタートアップスタジオが創出した企業の方が、同じ金額で高い成長スコアを達成できるという結果になる。

■ここから、スタジオ傘下の企業の成長を促す方が、通常のスタートアップの成長を促すよりもずっと費用効率が高いことがわかる。

この比較には、大きな制約があることを心にとめておかなければなりません。アクセラレーター、スタジオ、そして企業の選択基準は、非常に恣意的なものだと認めざるを得ません（公平に選ぶようにベストは尽くしましたが）。比較が妥当かどうかは、公表されているデータの妥当性にかかっています。また、比較はけっして科学的なものではなく、簡易的なものです。今後も探究されるべきテーマでしょう。

以降の章では、スタートアップスタジオモデルの中でも、とりわけワクワクするような例をいくつか取り上げていきます。そして、スタートアップスタジオを設立して成功させるために必要なステップを見ていきます。

起業家の目を輝かせ、すぐに投資家の財布を開かせるほど、有名で信頼されるブランド力を持ったスタートアップスタジオは数えるほどしかありません。そしてその一つが、ニューヨークに拠点を置くベータワークス（Betaworks）です。投資を何百件と行い、自ら生み出したスタートアップを何十と持つ同社は、一つのスタートアップを成功させるだけでなく、互いに補完し合う企業ネットワークを構築するには何が必要なのかを知っています。

最初のケーススタディとなるこの章では、ベータワークスがハッカー（訳注：優れたプログラミング技術を持ち、テクノロジーを使って有用な商品を生み出す人）と起業家をどのようにして成功させているのかを探っていきます。

また、スタートアップの創業者が、自分のアイデアが持つ資産価値の大部分をなぜベータワークスのようなスタジオと共有するのか、その理由も探っていきましょう。

二章

ベータから生まれる

伝説のスタジオ、ベータワークスの物語

この章を特に読んでほしい人たち

起業家、起業志望者

スタートアップスタジオ

「私たちは普通の人たちにＷｅｂを支配する力を与えたいんだ」

これは、デクスター（Dexter）という企業のＣＥＯであるダニエル・イルコヴィッチが掲げているビジョンです。彼は、今もメンバーが増え続けているエンジニアリングチームと共に、インターネットの相互接続性をさらに向上させるオープンプラットフォームづくりを進めています。

私は彼とテレビ会議で話をしただけですが、その情熱は画面を通じてこちらにも伝わってきました。そして話を始めてさほど経たないうちに、インターネットの相互接続と自動化がさらに進んだ未来を思い、興奮を覚えていました。

デクスターは、ニューヨーク市を拠点とする伝説のスタートアップスタジオ、ベータワークスのポートフォリオ企業です。

「伝説」と呼ぶのには理由があります。２００７年以来、ベータワークスは１００社をはるかに超えるスタートアップに投資をしてきました。ほとんどが、初めて投資を受けるような企業です。ベータワークスの成功を支えているのは、資金を投入したり、自ら立ち上げたりするスタートアップに本気で寄り添う姿勢なのです。

ベータワークスの投資先リストには、ソーシャルブログサービスのタンブラー（Tumblr）や、個人間送金アプリのヴェンモ（Venmo）、クラウドファンディングサイトとして知られるキックスターター（Kickstarter）、ツイッター共同創業者のエヴァン・ウィリアムズが立ち上げたブログサービスのミディアム（Medium）などの有名企業が名を連ねています。他にも、ＧＩＦアニメーションの検索サイトであるギフィー（Giphy）や、Ｗｅｂアクセス解析ツールのチャートビート（Chartbeat）、ＵＲＬ短縮サービスのビットリー（Bitly）といったスタートアップを創出しています。

ほとんどのスタジオと同じように、ベータワークスが成功した理由の一つは、スタートアップを創出するための強力なコアチームを持っていたことです。そこには、データサイエンス、デザイン、ブランド戦略、製品販売に対する豊富な経験、投資家との広い人脈なども含まれます。ベータワークスでは、デクスターのような会社を立ち上げる際、はじめは内部資金で賄い、推進力を得るまで待ちます。そして実験が進み、優良なビジネスになりそうだとなると、スタートアップの資金調達を助け、専任の会社を設立して成長させます。

このモデルには、誰にとっても得るものがあります。ハッカーはベータワークスに来て一緒に商品のアイデアを探求して何かを作ることができ、一方でスタジオ内にいるチームは、シード投資を受けることができるからです。そしてベータワークスは、スタートアップに参画したい人にとって、「これ！」というアイデアを見つける絶好の場でもあるのです。

では、ダニエル・イルコヴィッチと彼の会社デクスターの話を通じて、スタートアップスタジオとしてのベータワークスの仕組みを覗いてみましょう。

デクスターとは？

テクノロジーにはさまざまなトレンドがあり、その一つがユーザーインターフェースの進化です。最初はパンチカードに始まり、次にコマンドライン・インターフェース、そしてグラフィカル・ユーザーインターフェースと続きました。最近では、音声インターフェースやチャットボットが登場し、次に何が出てくるかは誰にもわかりません。

ただ、変わらないことが一つあります。それは、ソフトウェアをうまく機能させるには、バックグラウンドでつなぎ、異なるアプリケーション同士でデータのやりとりができるようにしなければならないということです。それにはたいてい、いわゆるアプリケーション・プログラミング・インターフェース（ＡＰＩ）が使われます。ＡＰＩとは、ソフトウェアの特定のリソースにアクセスするための一連のルーチン定義、プロトコル、コマンドのことです。

2つ以上のソフトウェアを連携させる時、APIを使えば、その都度カスタムコードを作成するよりもずっと楽になります。

こうしたAPIをつなぎ合わせて、自動化という複雑なプロセスを実現するには、ある種の「接着剤」が必要になります。デクスターとは、まさにこの「接着剤」の役割を果たす、チャットボット構築プラットフォームなのです。

デクスターがあれば、エンジニアはサードパーティーのAPIをアプリケーションに統合し、共有しやすく使いやすいものにすることができます。対応可能なアプリケーションは、ECサイトの価格変動をチェックして希望のチャネルに通知するようなアラートアプリケーションから、もっと複雑なものまで、さまざまです。

ほぼ無限に対応することができ、柔軟性と簡便性の両方を提供しています。APIをつなぐだけで、ほぼコードを書かなくても、全く新しいアプリケーションを作ることも可能です。このように、デクスターは使いやすさと拡張性を兼ね備えるように設計されています。

市場に出回っているAPIの中には、使うのは極めて簡単ながら、その使い方にかなり制限のあるものもあります。一方のデクスターは、好きなだけ複雑なものを作れるように、制限を取り払ったAPIになっています。

しかもそれでいて、使いやすさに変わりはありません。初心者レベルのユーザーなら、すでに公開されているアプリケーションをカスタマイズするだけで使うことができ、経験豊富なエンジニアなら、自分でJavaScriptのコードを作成してアップロードし、〝魔法〟を使うことができます。

これが、「チャットボットの大衆化」を可能にしている理由であり、イルコヴィッチのビジョンの中心にあるものです。

だからこそデクスターは、完全なオープンプラットフォームとして開発されており、ユーザーはJavaScriptを使って次々と新しいボットを作成し、コミュニティ用に公開することができるのです。ビジネスオートメーションの分野で実績を持つイルコヴィッチは、インターフェースの背後にあるさまざまなアプリケーションを動かすエンジンとして、デクスターの開発を続けています。

最初の一歩

イルコヴィッチは、キャリア前半のかなりの期間をコンサルタントとして過ごし、企業におけるビジネスオートメーションの問題解決に尽力していました。専門は、古臭いことの多いエンタープライズシステムや業務プロセスを改善し、「普通の人たち」の仕事に役立つものにする方法を見つけることでした。

その後は、不動産業向けのツールを構築する会社を興し、アパート販売に一役買っていたこともあります。根っからのハッカー気質であるため、常に何かと何かをくっつけて機能させることを楽しんでいました。例えば、ハウスクリーニング専門のオンデマンドサービスを提供するホームジョイ（Homejoy）に買収された家事代行サービス、ゲット・メイド（Get Maid）に携わっていたこともあります。

こうした気質や昔からの友達つながりが、ベータワークス傘下のスタートアップ・プロジェクトで働くことにつながっていきます。いろいろなことが重なり、同社の「客員ハッカー」制度に参加することになったのです。

イルコヴィッチの経歴や経験があれば、通常のスタートアップを、通常のやり方で始めてもおかしくはありませんでした。しかし、プロダクト・ファースト（商品第一主義）の考えを持つ彼が本当にしたかったのは、しっかりと機能して人が使ってくれるモノを作り、後にそれを改良して、また別の何かをすることでした。しかも、すでに家族がいたため、リスクの高いスタートアップの世界は最良の選択肢ではなかったのです。

一方、ベータワークスが提供してくれる安全を伴うクリエイティブな環境は、理想的な活動の場でした。

「客員ハッカー」制度は、一流のエンジニアが集まる、るつぼのようなものです。エンジニアは、アイデアを持っていても、持っていなくてもかまわない。募集の基準は、企業文化に合うことの他に、自分の力で何かを作り上げられることです。採用されれば、後は新しい商品のアイデアを自由に試すことができ、それがスタジオの次なる目玉の一つになるかもしれません。

２０１３年、そうしたプロジェクトの中には、今ではよく知られているギフィーやモバイルゲームのドッツ（Dots）、天気予報ボットサービスのポンチョ（Poncho）などもありました。

この制度に参加した当初、イルコヴィッチはビジネスプロセスの自動化を中心に考えていましたが、開発したい商品の明確な展望はありませんでした。そのため、ベータワークスのパートナーに売り込む準備が整うまでに、さまざまなアイデアを試したそうです。ところが、結局は社会人になりたての頃から熱意を持っていたテーマへ回帰していきました。

「テクノロジーを最大限に活用する力をみんなに与えるには、どうすればいいのだろう?」

ピッチコンペの前、ベータワークスのパートナーで最高財務責任者（ＣＦＯ）でもあるジヨシュ・アウアバックがメモを回しました。「形にしたいアイデアはあるかな?」と。そして円卓を囲んだミーティングの席で、あらゆる可能性が議論されました。

デクスター立ち上げの決断に至るまでには、スタートアップスタジオが決まって直面する問題がありました。プロジェクトの選択肢は常に複数あるものの、リソースは限られているという問題です。そのため、ベータワークス側は、暗黙の基準と明確な基準の両面から判断することになります。つまり、創業者のビジョン、創業者とアイデアの適合性、テクノロジーの動向です。

この判断には、経験豊富で柔軟な経営陣が必要となります。幸い、ベータワークスではスタートアップそれぞれにマイルストーンと優先事項があり、チームはその点を柔軟に判断します。

アウアバックは、APIが世界を席巻していることや、イルコヴィッチがビジネスプロセスの自動化分野で幅広い知識を持ち合わせていることを考慮し、デクスターがベータワークスの新たなサクセスストーリーになるのではないかと考えました。

この技術が広まれば、人々が互いに不可能だったことを可能にし合う大規模なコミュニティが誕生することになります。そして、それこそが最終目標なのです。

プロジェクトにゴーサインが出れば、ベータワークスはあまりお金をかけずに商品のベータ版を作り、世に出して様子を見ます。そして成功の可能性が高まると、リソースをさらに投入してユーザー基盤を拡大したり、商品に磨きをかけたりし、最終的には自律した別会社としてスピンオフさせます。

デクスターの成長戦略

イルコヴィッチの「デクスタープロジェクト」がスタートして数週間が経ち、実用レベルのプロトタイプが完成すると、いよいよ検証と成長の戦略を立てる段階となりました。そこで考えた計画はこんな内容です。

「まず、デクスターをエンジニアに売り込むと、そのエンジニアたちが自作のアプリケーションをデクスターのアプリケーション・マーケットプレイスに登録してくれる。すると、あらかじめ定義されたボットの利用機会が増える。そうして専門知識のあるユーザーとコンテンツがクリティカルマス（訳注：商品やサービスが広く普及するために最小限必要とされる供給量）に達すれば、対象を専門家以外にも広げ、エンドユーザーへと近づいていく」

そこでベータワークスは、プロジェクトの初期に「デクスター・ハッカソン（訳注：ハッカソンとは「ハック」と「マラソン」の造語で、ソフトウェアの開発者が一定期間、集中的に開発を行って技術とアイデアを競い合うイベントのこと）」を開催しました。同社の関係者が数十人、外部からも数十人のエンジニアが集まったこのハッカソンは、初期のプロトタイプを試す実りある実験の場となりました。

ジョン・ボースウィックなどのシニアパートナーや、CFO兼パートナーのジョシュ・アウアバックまでもがデクスターでアプリを自作しています。「人に薦める前に、まず自分で試してみる」というわけです。

初期の成果は期待の持てるものでした。デクスターはハッカソンでの受けが実に素晴らしく、アーリーアダプター（訳注：革新的な商品や流行をいち早く取り入れ、外に向けて発信し、他のユーザー層への強い影響力を持つ人々）を獲得する最高のチャネルになりました。

しかも、ベータワークスは収益化を急いでいるわけではないので、イルコヴィッチとそのチームは、エンドユーザーに門戸を開く前にプラットフォームを拡大し、専門的なユーザーのクリティカルマスを目指す時間を得ることができました。

事業の成長とユーザーの獲得は絶妙なバランスの上で成り立っています。今のデクスターは、「エンジニアが楽しめるツール」以上のものにはなっていません。この段階での収益化は、望めそうにありません。

ただし、アーリーアダプターたちの助けを借りて、やがては流通基盤を固めるでしょう。そうなれば、イルコヴィッチらのチームは、その収穫をさらなる顧客層の拡大に利用することができるはずです。

イルコヴィッチにとってベータワークスに入るメリットとは？

ベータワークスの大きなメリットの一つは、その柔軟性にあります。一流のエンジニア集団がアイデアをあれこれと試すことのできる柔軟性。そしてリソース配分の柔軟性です。

さらに、もう一つの大きなメリットは、その空間にあります。ベータワークスの本社は、イノベーティブなアイデアを生むのに格好の環境や、刺激を与えてくれる家族のような仲間を提供してくれます。

プロジェクトの立ち上げ当初、デクスターの構想が固まり、最初の商品が完成して、さらに改良を加える段階になると、イルコヴィッチはベータワークスの有する人材プールを活用してプロトタイプの改良を手伝ってくれる数人の契約スタッフを仲間に加えることができました。

デクスターが「母船」から切り離されて1年以上が経った時点で、彼の下には4人の専任チームができあがっていました。全員がエンジニアのチームです。アウアバックなど、ベータワークスのパートナーからも引き続き支援やアドバイスを得ながらも、イルコヴィッチ自身が適切だと思うやり方で自由にビジネスを行うことができています。

ただし、スタジオでスタートアップを立ち上げると、多くの場合、相当な株式配分が必要になります。デクスターのようなケースなら、たいていは、ベータワークスが50％ほど、創業者チームが50％ほどとなります。

通常のスタートアップと投資家との株式配分に比べれば、理不尽な数字のようにも聞こえるでしょう。しかし、付加的に享受できるメリット（スペースやチーム、ネットワーク、ノウハウなど）を考えれば、これが公平な取引なのです。

イルコヴィッチはコードを書いて商品を作ることがとても好きです。だから彼にとって、客員ハッカーという制度によって与えられた安全でクリエイティブな環境は、恵みのようなものなのです。アーリーステージで失敗した時のことを心配せずに済み、また、投資を得るために事業計画やプレゼン資料を作って何カ月も奔走せずに済むことは、気持ちを大いに楽にしてくれるからです。

あなた本人とビジョンがベータワークスの信頼を得たならば、商品のベータ版を作り、世に出して様子を見るためのリソースを得るには、ナプキンピッチ（訳注：詳細な資料などは用意せず、飲食店の紙ナプキンなどに簡単にアイデアを記して売り込むこと）で十分すぎるほどです。

あなたのそばにスタジオがついていれば、管理業務ではなく、商品と事業の成長に集中したい時に何かと便利です。スタートアップを成長させるという険しい道のりを、ベータワークスのパートナーが導いてくれるでしょう。後方業務はスタジオが支援してくれるので、自社専任の管理スタッフを雇う必要はありません。時間とお金の節約になります。

特にあなたがイルコヴィッチのようなプロダクト・ファーストなＣＥＯで、エンジニアとしての役割を好み、できるだけ開発に専念したいのであれば、なおさらスタジオの存在は頼りになるでしょう。

幸い、イルコヴィッチとベータワークスは、はじめから文化的な相性が非常にマッチしていました。内気なイルコヴィッチは、普段なら部屋の隅っこに座ってモノづくりをしているようなタイプです。ところがベータワークスの本社は、コミュニティとして活気に満ちており、非常に友好的なため、誰もがその中に引き込まれ、活発になります。

まして、たくさんの「兄妹企業」がすぐ手の届く距離にあるため、デクスターのようなツールを試してもらうにはもってこいの実験場があるということです。

エンジニアからCEOになるには？

イルコヴィッチのような熟練のエンジニアがＣＥＯになるのは日常茶飯事ではありません。スタジオは外部から有能な起業家を調達して、新規ビジネスを任せることもできるからです。でも、デクスターのケースでは、その必要はありませんでした。イルコヴィッチはモノを作ることも、作ったモノが市場で羽ばたけるかどうかを確かめるのも好きだったからです。

彼のようなケースでは、会社のCTO（最高技術責任者）になるという道も予想されるものですが、それにはプログラミング以外の技能も必要になります。ゆえにデクスターがスタートを切った時、イルコヴィッチとベータワークスは、誰がビジネスを主導するかについて、わざと答えを先延ばしにしました。

そして、デクスターをスピンオフさせる準備が整った時、イルコヴィッチの一番のパートナーで、最高の助言者でもあるアウアバックがこう言ったのです。

「君がCEOだ」

言うは易し、そしてこの場合は行うも易し、でした。

というのも、イルコヴィッチはビジョンを描いて最初の商品を構築しただけでなく、資金調達にも長けていたからです。

結果的に、ビジネス的な面にすんなりと没頭することができた上に、スタジオとパートナーからの後方支援のおかげで、当時も今も、プログラムを書く時間をたっぷりと取れているのです。

デクスターの次なるステップは？

「チーム・デクスター」は今も成長を続けています。立ち上げ当初にイルコヴィッチが作った商品は、現在デクスターに専念しているメンバーのおかげで、より洗練されて便利な商品になりました。

次なるステップは、事業をうまくスケールさせられる技術部門の現場責任者を雇うことです。

目標は、クリティカルマスを達成し、顧客層を拡大して、サービスとして収益化すること。その目標が達成されるまで、ベータワークスはこのビジョンに投資を行い、必要な時には資金調達を手助けすることになります。

この章の最後に、「母船」であるベータワークスの話をしましょう。

ベータワークスはデクスターによって、いまやチャットボットと「ＡＰＩ接着剤」の世界への強力な足がかりを得ています。

近ごろ同社は、チャットボット専門のスタートアップを90日間で育てる「ボットキャンプ」事業に乗り出すことを発表しました。この事業は今ではベータワークスの新部門と化し、互いにシナジーを生み出すスタートアップを別の方法で集団的に形成する、いわばミニ・アクセラレーターのようになっています。

こうしてベータワークスはスタートアップを一つずつ着実に立ち上げる、堂々たるスタジオ帝国を築き上げたのです。

企業を立ち上げ、売却することで財を成し、成功した起業家は数多くいます。そういう人たちは、次に何をするのでしょう?

彼らのほとんどは、大きな可能性を秘めていそうな新興のスタートアップに出資し、エンジェル投資家として運試しをします。しかし中には、根っからの起業家で、それでは物足りないという人もいます。新たなスタートアップの立ち上げに、もっと実践的な役割を果たしたいと考えているのです。彼らは自分の進む道を見つけるために、未知の領域を開拓することにも積極的です。

次の章は、そんな「開拓の旅」をテーマに、シリアルアントレプレナー(訳注:事業を次々と立ち上げる連続起業家)として成功を収めているライアン・J・ネグリが自身の体験を語ってくれます。

ネグリは、優れた企業を生み出す場をつくりたいと考えました。ただしそれは、リーダーシップの観点から、もっと指示や指導、プロジェクトへの直接参加ができる場です。そして彼は、シリコンバレーのようなスタートアップの中心地には向かわず、新たな起業体験のためにフロリダ州のタンパを選びました。

三章

時代の先を行く

米タンパのケースに学ぶスタジオ運営の課題

この章を特に読んでほしい人たち

スタートアップスタジオ

投資家

「私は昔から自分の運命を自分でコントロールするのが好きだった」（ライアン・J・ネグリ）

ネグリは人生のほとんどを起業家として歩んできました。地元のゴルファーにゴルフボールを売り始めたのは4歳の時です。話はそこから飛んで数十年後、彼はネグリ・エレクトロニクス（Negri Electronics）という、モバイル機器を専門に扱い、世界中からハイエンド機器を輸入してアーリーアダプターに売る会社を設立しました。そして2013年、ニューヨークにある未公開株投資会社、ファースト・アセントLLC（First Ascent LLC）に、会社を1000万ドル（1ドル100円換算で約10億円）近い金額で売却しています。

ニュースブログ・テックバッファロー（Tech-Buffallo Blog）のインタビューの中で、ネグリはこう語っています。

「私の下では、リソースの関係で、会社の可能性が限られてしまうとわかっていました。ここで言うリソースとは、人材や資金調達のためのパイプのことです。私には15人から20人規模の会社経営の経験はありますが、従業員が100人を超えるとなると経験がありませんし、会社が最終的に目指すのはそこだということもわかっていました。これからやって来るのは経験も人脈もある人たちです。自分でこう言うのはつらいものですが、ここからは彼らが引き継ぐのがおそらくベストでしょう。私は最初からすべてを出し切りましたし、今でも会社とこの業界に惚れ込んでいます。しかし、そろそろ私が身を引き、会社は経験のある誰かに行けるところまで連れていってもらう時期ではないでしょうか。これからも私の心はずっとネグリ・エレクトロニクスや仲間たちと共にあります。今でも会社は私のベビーであり、これからは別の誰かの指揮の下で大人になっていくのを見守っていきます」

ライコスの誕生

こうして〝ベビー〟を売却した後、ネグリは自分の携わる別の事業に投資する計画を持っていました。そのうちの一つが、スタートアップスタジオのライコス（Laicos）です。ライコスはできたばかりの会社で、彼はそこにアイデアを持ち込み、商品やアプリケーションを生み出したいと考えていました。ライコスでのパートナーは、モッドマイアイ（Mod-Myi）のオーナーであるカイル・マシューズです。

初期の計画は単純なものでした。つまり、優秀なエンジニアやデザイナーを雇って画期的な商品を作り、それを別会社としてスピンアウトさせていくというものです。

ネグリは自身のブログ（ryannegri.com）にこう書いています。

「当時の私たちは、互いに何かを作りたいのだとわかっていました。ただ、それをどう共同で行えばいいのか、公のものにするにはどうしたらいいのかがわからなかった。そこで2012年、ライコスが誕生したわけです。あの頃の私たちは、かかわっていたプロジェクトをすべてライコスの管理下に置き、軌道に乗るのを期待していました。今はそれに加えて、サービスを消費者に売るか企業に売るかを考え、そのための手段を持とうと思っています」

もともとライコスは、カリフォルニア州のコスタメサにあるネグリのオフィスで生まれました。しかしその後、彼とマシューズは数々の理由から、会社をラスベガスに設立することにしました。そして2015年、マシューズが10年前から暮らしてきた地、タンパに移転したのです。

移転した理由は、ただの思いつきでした。タンパのスタートアップ・エコシステムをどう思うか？と私が尋ねた時、ネグリは言いました。

「タンパに着いた時、私たちは興奮していました。スタートアップ・エコシステムは活気に満ちてはいましたが、まだ新しく、いろいろなものに影響を受けやすい状況でした。でも、それは移転する前にわかっていたことです。順調なスタートアップ・コミュニティの中でも、競争力をつけたり、規模を拡大したりするのに必要な資本がなければ、成功するのは大変なものです。

タンパの投資家の多くは、善意の人たちではあるものの、時代に乗り遅れていました。話をした数人は、収益が100万ドル（約1億円）を超える企業にしか投資しないと言いますが、それだけの収益を上げる時点で、資金調達にはベンチャーキャピタルよりも良い選択肢があるわけですから。

求人活動は大変でしたが、現地のタンパにカイルがいたおかげでやりやすくなりました。カイルは15年ほどエンジニアをしていたので、才能を見極めることにとても長けていたのです。

私たちは最高の人材を誘い入れることができましたが、それは周辺のスタートアップよりも高い給料を払ったからでしょう。スタッフを不当に安く雇っていたり、職種別の平均より低い賃金で求人を出していたスタートアップがあまりにも多いですから。ここに住む人たちの転職歴が多い理由がわかりました」

タンパの先駆者となる

給料額だけでなく、報酬制度をしかるべき形で策定するために、ネグリとマシューズはスタジオ全体の自社株購入権（ストックオプション）制度を設けました。「まずは、『ストックオプションおよびエクイティインセンティブ制度』をまとめる必要があったので、それを実行しました。なかなか複雑でしたが、理解するのは簡単で、わりと短期間で策定できました。これは、弁護士として雇ったエリカのおかげです。この際、発行する株式の初値＝行使価格を設定しなければならず、会社の評価を行うことが必要でした。

次は、ストックオプション契約書を作成しなければなりません。これはライコスの社員に発行される契約書で、付与される株式数、購入にかかる費用、オプションの種類、権利確定日程、付与、権利行使、譲渡制限、ロックアップ期間、表明条項、納税義務などを説明するものです。必要事項を書き入れる前に、私たちはチームメンバーそれぞれへの提示内容を真剣に考えなければなりませんでした。給料とは別に、私たちがスタッフにどれだけの価値があると感じているのかを伝え、彼らに理解してもらうことが大事なのです。

私たちはいくつもの要素を検討しました。例えば、勤続期間、スキルと経験、将来価値、現在の給料、そして本人のことをどれだけ好きか（というのは冗談ですが）。こうして提示内容を決めたら、書類を書くのは簡単です。ここでも、われらが弁護士エリカから素晴らしい指導を仰ぐことができたわけですから。

さて、いよいよ受け渡しです。社内の人間は、誰もその週の金曜日にストックオプションを受け取ることを知りませんでしたから、私たちはこの日を祝うために24インチのピザを注文しておきました。みんなが『ハブ・ア・ピース・オブ・ザ・パイ』を食べられる』ように、です（訳注：ハブ・ア・ピース・オブ・ザ・パイは『収益の分け前にあずかる』という意味もある）。

ストックオプションのことを知ると、チームメンバーはかなり興奮したようです。手を叩く者もいたと思います。

全体として、部屋を出ていくみんながうれしそうで、やる気に満ちていた（そして満腹そうだった）気がします。自分もライコスが築いているものの一部であると、これまで以上に感じてくれたと思います。そして、それこそが目的でした。

誤解しないでほしいのは、ライコスにいたメンバーは情熱に燃えた仲間たちで、金銭的な物差しで物事を考える人たちではありませんでした。ただ、あの日を境に、メンバーは自分たちの努力で生み出したものの価値をより詳しく知ることができました。その点では、とてもよかったと思います」

しかるべき人材が加わり、ライコスは商品と会社を立ち上げ始めました。最初に成功したのは、ソーシャルメディア・アグリゲーションアプリのヒューズ（Fuse）です。

ヒューズの背後にある基本理念は、誰もが「ワン・ソーシャル・パーソン」なのだから、ソーシャルアプリは一つあればいい、というものです。

ヒューズは、人気のソーシャルネットワークサービスのすべてを一つのフィード（訳注：Webサイトが更新情報やページの一覧、概要などをまとめたデータを配信すること、またはそこで配信されるデータのこと）にまとめる一種の情報収集プログラムでした。フートスイート（Hootsuite）のようなプラットフォームも、ユーザーが個々のストリームを介して複数のソーシャルフィードを一度に追跡できますが、ヒューズはすべてのソーシャル・インタラクションに対して大きなストリームが一つ。インスタグラム、ツイッター、フェイスブック、リンクトインなどを一つにまとめて、ユーザーが複数のアプリを開いたり閉じたりすることなくクロスポストやクロスリード、シェアのすべてを一度にこなせるようにしたものです。

古い習慣はなかなか変わらない

ただし、その後、ネグリはある問題、それも非常に大きな問題に直面します。

「ライコスにはとてつもない可能性を持ったアプリケーションが5つあって、スケールさせるには資金調達が必要でした。でも、タンパ近辺にいた投資家たちは、会社を次々につくるというこの〝目新しくてなじみのない〟ビジネスモデルに興味を示しませんでした。中には、私たちのしていることを自分たちの仕事への脅威ととらえる投資家もいて、『自分たちですごい会社をつくって厳しくアイデアを吟味できるなら、ベンチャーキャピタル（ＶＣ）などお呼びでないだろう』と言わんばかりでした。本来、そのような考えは的外れなのです。ライコスが生み出す会社には、普通の会社よりも多くの投資価値がありました。なにしろ、ウチの純資産とはつまり、私たちがスピンオフさせたすべての会社の、しかも十分に吟味された会社の純資産を意味したわけですから！」

この壁に突き当たっても、ライコスは前進し続けるのをやめませんでした。彼らは地元の投資家にアプローチしながら、アメリカ中の投資家にも接触しました。ただ、ライコスが力を入れていたのは地域に密着したチームづくりだったため、タンパ以外の投資家を夢中にさせるのは至難の業でした。

「確かに、サンフランシスコに移転しないか？　とか、オースティンはどうか？　という申し出はありました。それでも、チームメンバーを転勤させる気はありませんでした。一方、地元の投資家はと言えば、スタジオのコンセプトを理解できなかったのです。ビジネスモデルを具体的に思い描いて、スタートアップスタジオに参加するメリットに気づけなかったのでしょう。いずれ自分たちの見落としに気づくでしょうが、それでは遅すぎます」

そんな状況でも、地元の起業家たちの目には、ライコスが最高に画期的な企業として映っていたようです。ネグリもこう話していました。

「ウチには求職者がたくさん来て、それはもう無茶苦茶でした。スタートアップ・コミュニティは、私たちを全面的に支持してくれたのです」

それでも、地元の投資家たちのネガティブな反応は、最後まで拭いきれませんでした。そこでネグリらのチームは、資金調達のために別の選択肢を探ります。企業に代わって商品を受託開発し、その傍らでスタートアップを展開する、という選択肢です。

「このやり方は会社の儲けにはなったものの、ライコスのメンバーは誰も喜びませんでした。ライコスのために技術を提供しようと会社に入ったのに、クライアントのために仕事をするわけですからね。となれば、答えはもうはっきりしています。スタートアップスタジオとして存続したいなら、タンパはベストな場所ではない。だから移転するか、それともタンパが必要としていたもの、つまり『スタートアップ・コンサルタント』に転身するしかなかったのです」

不死鳥の再生

２０１６年、熟慮の末に、彼らはスタートアップスタジオから「起業家の創業を助ける仕事」へと軸足を移しました。ライコスは知的所有権の大部分を売却し、チームを再編成して、タンパ湾の起業家向けテクノロジー系スタートアップ・コンサルタント企業に転じたのです。

現在は、起業のアドバイスやビジネス開発、人脈づくり、求人活動、Ｗｅｂとモバイル双方でのサービス開発とデザイン支援、多額の投資を行うプロ投資家とのつなぎといったサービスを提供しています。

その後ネグリは、サウスカロライナ州にあるアイアン・ヤード・ベンチャーズ（Iron Yard Ventures）からＣＯＯ（最高業務責任者）のポストを打診され、それを受け入れました。今は、ラスベガスのダウンタウンに新設されたレッドフリント・センター内でアクセラレーターを運営しています。

彼が目指しているのは、創業者に優しいアクセラレーターになることであり、これはその目標にふさわしいキャリアチェンジといえるでしょう。ネグリ自身も、今後の展望についてこう語っています。

「自分のスタジオを設立できなかったのなら、せめて目標への途上にいるようにはしなければなりません。アメリカで屈指のアクセラレーターを運営し、いくつか大当たりする商品を作って国内拠点を拡大。そしてアクセラレーターを全国展開し、ゆくゆくはフルタイムのベンチャーキャピタリストになる、というのが私の計画です。

キャリアを通じて、私はただ素晴らしい会社をつくることに邁進してきました。アーリーステージのスタートアップを立ち上げるにしろ、起業の指南役を務めてそこに投資するにしろ、実力のあるチームを支援し、思いがけない場所でイノベーションをサポートすることに私が情熱を持っているのは、周知のことになっています。ですからアイアン・ヤード・ベンチャーズは驚くほど私にぴったりの会社です。この任務を託された時には、それはもう喜びました。

COOとしての私の任務は、最も優秀な人材を見つけて協力し合いながら、テクノロジーによって重要な問題を解決する優れた企業の立ち上げを支援することです。アクセラレーターを主導しながら、新たな戦略的パートナーや指導者、助言者の確保と求人活動を行い、有能なチームや企業、創業者を募集して彼らに投資し、アクセラレーター・プログラムへの参加を認められたチームとの実践的協働を進めていきます」

ネグリからのアドバイス

「まず、参加しましょう。小切手を切るのでも、ミートアップに出席するのでも、指南役を務めるのでもかまわない。とにかく参加することです。とても簡単なことですが、実践する人は実に少ないものです。

そして、参加したなら、自分にどんな手助けができるかを見つけましょう。アーリーステージのスタートアップ・コミュニティで必要とされる支援は、非常に多いので、かつて自分が受けたものを返し、助言を行いましょう。

ただし、事柄によっては、あなたより適した助言者がいる場合もあると知っておかなければなりません。自分の専門領域をはみ出さないことです。常に正直で率直であれ。すべての答えを知っていなければならないと思い込み、答えを知らないがためにひどい助言をする〝指南役〟があまりに多いと感じます。『わからない』と言ってもいいのに、それがどうにも言えない人がいるようです。

私がよく目にすること、それもとりわけアーリーステージのスタートアップで目にすることの一つは、集中の飽和です。集中していないのではなく、集中するものがあまりに多すぎるのです。

やりたいことを書いておくリストは短くすること。リストに載っている目標を達成してから、次に進みましょう。起業家1人が、さまざまな商品、さまざまなスタートップに手を出しているケースがあまりに多すぎます。

アクセラレーターの選び方も大切です。世界を見渡せば、さまざまな段階のインキュベーターやアクセラレーターがあります。候補から外す前に、まずは検討してみましょう。そして、私の経験則を一つ、教えます。あなたの会社にCFO（最高財務責任者）がいるなら、そのスタートアップはもはやアクセラレーターに頼る段階ではないでしょう。

一緒に働く仲間に誰を選ぶかも、とても重要な問題です。それは従業員や、共同創業者や、投資家、指南役など、文字通り誰についても当てはまります。彼らはあなたとブランドの鏡であるだけでなく、あなたが共に会社を成長させていく人、あなたの成功で恩恵を受ける人たちでもあります。だから仲間に加えるのは、それにふさわしい人たちでなければなりません」

さて、本来はここまででこの章は終わっていたかもしれません。けれどこの本を仕上げる直前、親切なネグリがさらに取材の時間を割いてくれました。

そこで私たちは、スタートアップスタジオを立ち上げて成長させるのに最も大変な点、すなわち「投資家との関係」に的を絞って、ちょっとした質疑応答を行いました。

投資家の目を開かせる

――ライコスを設立する前には、どこかのアクセラレーターかインキュベーターで働いたり参加したりしていましたか？

「実はライコスは、スタートアップの世界で私が手がけた初めてのベンチャーです。ライコスを始める前は、自分はスモールビジネス向きの人間だと思っていましたし、当時はスタートアップにもそれほど精通していませんでした。そうでなければ、ネグリ・エレクトロニクスを売却してしまう前に６００万ドル（約６億円）を調達して、年商１８００万ドル（約18億円）の会社を１億ドル（約１００億円）に成長させていたかもしれないのですが、後の祭りです。

より優良なスタートアップを創出するにはどうしたらいいのか？　について関心を持つようになると、スタートアップはアクセラレーターにつながっているケースが多いということに気づきます。でも、統計を見てみると、あまりうまくはいっていない。それで、もっと良い方法があるはずだと思ったのが、スタジオ創設の理由です。

ただし、もっと早く学習しておかなかったせいで、私はずいぶんたくさんの機会を逸してしまいました。

それについては、また別の章か、別の本でまとめてください（笑）」

――あなたは、タンパのベンチャーキャピタル（VC）にはスタジオモデルを従来のVCへの脅威と見なしているところもあるとおっしゃっていました。他の地域でも、そうした心配はあると思いますか？

「いいえ、彼らのような考えはあまりに短絡的だと思います。VCはリミテッドパートナー（有限責任組合委員）になりそうな優良な会社を見つける機会に目を向けていくべきですし、スタートアップスタジオはその機会の一つなわけですから。スタジオに投資するのに料金がかかるわけでもなし、そんなことを口実に投資の機会を逸するなど、本当につまらないことです。

ただ、ライコスでの経験から本音を言うなら、スタジオはVC以外の別の投資家を見つけることも大事でしょうね。彼らが、わずかな投資に対してもあんなふうに考え、人の会社のことをアドバイスしながら、自分たちの将来しか考えないのならばね」

――ライコスは、タンパ以外のVCか個人の投資家にもアプローチしましたか？　もししたなら、先方はスタジオモデルとライコスをどう評価したのでしょうか？

「ウチはVCからの投資を望んではいませんでしたが、いくつか売り込みはしました。有力なスタートアップを売り込む経験を早いうちに積んでおきたかったからです。シャークタンク（訳注：『シャークタンク』は一組の起業家が投資家の前でプレゼンを行うアメリカ版『マネーの虎』のような番組名）にいきなり飛び込んでみたわけです。

そのうちの何人かとは、友人にもなりました。そうなるとは思ってもいませんでしたけどね。スタジオのコンセプトはとても単純でしたが、投資家にはどうもピンと来なかったようです。メリットが理解できなかったのでしょう。基本は、私たちがエコシステムをつくると、タンパのようなアーリーステージのスタートアップの街がいつの間にか活性化されている、ということなんですけどね。

話をさせてもらった投資家で一番頭が切れたのは、タンパに住むベテランのエンジェル投資家で、彼がこう言ったんです。『これは素晴らしいビジネスだ。ただ、タンパはふさわしい場所ではないし、今はそのタイミングではない』と。

私はそのアドバイスをとても真剣に受け止めました。彼は何年もタンパに住んでいて、小切手を切る側の他の投資家とのつながりが強い人でした。その彼の言葉ですから、私たちが自分たちの役割を考え直すには十分な重みがありました」

――はじめにアイアン・ヤード・ベンチャーズと話し合った時、創業者に優しいアクセラレーターになるというあなたの考えや、スタジオでの経験に関する考えを、先方はどう受け止めましたか？

「私たちはアクセラレーターが創業者を失望させていることについてかなり腹を割って話しました。そして、すぐに意気投合しました。

実は面談の前に、私がライコスを売り込んだプレゼンを彼が見ていたこともあって、初めて訪問した時からお互いに聞きたいこと、話したいことが山ほどあったんです。スタジオモデルに対する私の信念を感じたのでしょう。彼は私に、スタジオの設立を自由に続けていいとも言ってくれました」

――今のあなたは〝テーブルの反対側〟にもいる、つまり、アクセラレーターの最高業務責

任者でもあるわけですが、スタジオへの投資についての考えはどう変わりましたか？

「資金集めで参考になったアドバイスのほとんどは、本かブログで読んだものですが、どんな投資でも前提は同じです。『投資家にお金を出させる必要がある。では、どうやって出させるか？』です。

その後は、会社を経営している人間、市場、機会を把握すること。私は常に『このチームは路線変更してもうまくやっていけるだろうか』と自問するのです。それで答えがイエスなら、努力を続けていきます」

——スタジオの資金調達でよくある課題はどんなところだと思いますか？

「事前に（大きな）イグジットがなかったり、スタジオ内にトラクションがなかったりすると、資金調達は難しくなると思います。ライコスのポートフォリオ企業はすべてアーリーステージでしたが、トラクションはありました。ただ、資金を集めるのにふさわしい土地にいなかったということです。それと、真似できるスタジオモデルが出てくるまでは、法律上の課題が待ち受けるでしょう。

私はエキスパ（Expa）のしていることは何となくわかっているので、たぶん彼らが利用しているものは何でも取り入れるでしょう。

そうしてもう一つ、エコシステムは重要だと思います。なにしろ、アドバイザーや指南役、コネクター（訳注：人材や知見を必要とするチームと結びつける役割を果たす人）、投資家は、いずれもスタジオに所属するすべての企業が利用できなければなりませんから。だからこそ、そういう人たちが定着しているコミュニティのある街にいることが力になるのです」

――理想的な投資家社会とはどんなものになるでしょうか？　スタートアップスタジオはどこであればしっくりとなじむでしょう？　スタジオはいずれＶＣとお金を奪い合うことになるでしょうか？

「確かにスタジオはＶＣと競合することになると思います。通常、スタジオは本物の起業家が経営しています。一方でＶＣは起業家が２割いるかどうか。となれば、自分のお金をスタートアップに投資するのをどちらに任せたいでしょう？

もちろん、そのスタートアップはスタジオの中で厳しく吟味されます、それも現場感のある人たちによって。これが良いアイデアだということはすぐにわかりますし、ＶＣよりリスクが少ないと相手に証明してみせればいいだけです」

――投資家、広くはアクセラレーターを教育する選択肢があるなら、彼らへの一番のアドバイスは？

「より大局的に、そして長い目で見ることです。スタートアップスタジオは、企業を立ち上げて成功させるプロセスに構造的な変化をもたらすものです。投資家は、個人であれ、機関投資家であれ、スタジオモデルをもっと念入りに調べ、感触をつかめるように、こうした新しい組織に参加するべきでしょう。

そうすれば、従来のやり方で立ち上げられたスタートアップと、スタジオ傘下で立ち上げられたスタートアップの経験やメリット、リターンを比較できるようになるはずです」

資金が底を突きかけ、廃業の時が近づいている。しかしチームをバラバラにはしたくない。そこで、ごくありふれたものから奇想天外なものまであらゆる選択肢を検討し、チームをベンチャービルダーに転換させることにする——。

これが次章で取り上げるラボ・クープ（Lab.Coop）の行ったことであり、その顚末をこれから探っていきます。彼らの話は、大きく成長する手立てを持ったスタートアップスタジオの基礎はどうすれば築けるのかという、注目すべき一例です。

四章

ハンガリーのラボ・クープ流スタジオ運営術

完全共同所有のベンチャービルダーをゼロから立ち上げる

この章を特に読んでほしい人たち

スタートアップスタジオ

私が初めてスタートアップの世界に足を踏み入れた2013年、ブダペストのスタートアップ・エコシステムには、際立つ存在の企業がいくつかありました。そのうちの一つは、ピーター・ラングマーの経営するブリックフロー（Brickflow）という企業です。

私がブリックフローのことを初めて聞いた頃、同社の商品はツイッターと連動させるイベント用ライブ壁紙の一種で、これはイベント関連のツイートを、その内容の告知手段として、ピカピカと目立つアニメーションを使って表示するものでした。

それは、「ハンガリー発で世界と戦おう」という素晴らしいアイデアの模範のように見えました。ラングマーの率いるチームは資金を調達し、この地域で最高レベルのアクセラレーターにいくつか参加して、成長を続けていました。

当時の私にとっては、はるか遠くの地で生まれたユニコーン企業より、ブリックフローの方がよほど役に立つ、親しみの持てる手本でした。

また、ラングマーと共同創業者のタマーシュ・ボーナーは、国内外から人材を集めるという文化もつくり上げました。ダニエル・ナギーも、そうして集められた人材の1人です。

以前の彼はドイツの大手通信会社で働いていましたが、オンラインマーケティングの仕事にひどく空しさを覚えているところでした。ブリックフローのチームはナギーを獲得すると、新たなマーケティング責任者として、その手腕を発揮するチャンスを与えたのです。

チームは２０１４年までの間に、主にハンガリーの投資家とタリンを拠点とするアクセラレーターのスタートアップ・ワイズ・ガイズ（Startup Wise Guys）から、25万米ドル強（１ドル１００円換算で約２５００万円）を調達していました。

一方で問題もあって、ユーザー数の伸びを維持し、ユーザーに積極的に利用し続けてもらうことに課題を抱えていました。そのためチームは何度も方向転換と最適化を繰り返した後、ブリックフローをタンブラー（Tumblr）用のコンテンツ推薦システムへと転じたのです。

おかげで、喉から手が出るほど欲しかったトラクションを得ることができました。ただ、残念なことに、あと一歩、間に合いませんでした。チームは、事業が成長しているにもかかわらず、第２回の増資を確保するよりも数カ月先に資金が底を突くと気づいたのです。そうしていよいよ資金が尽きると、取締役会は事業を停止し、ブリックフローのソースコードと自分たちが得た教訓をオープンソースにすることを前提に、会社を畳むことに合意しました。ただしチームは残し、新たな形で一緒にやっていきたいと考えました。

そこでラングマーは、新規のベンチャービルダーをつくってはどうかと提案したのです。

まずは「プロダクトハウス」として再出発する。その後、キャッシュフローに余裕が出てきたら、スタートアップの創出を開始する。7人のうち6人が、この新しいアイデアに賛同しました。ラボ・クープの誕生です。

新たな弾み

彼らの構想は、社内でアイデアを育て、自分たちの財布で最初の商品づくりと検証を行った後、ローンチするスタジオを創設することでした。ミディアム（Medium）やダラー・シェイヴ・クラブ（Dollar Shave Club）の他、数えきれないほどの刺激的なスタートアップがそうしたスタジオで生み出されています。

とはいえ、新規のベンチャービルダーがどこもそうであるように、やはりお金の問題がありました。まだトラクションも出ていないベンチャービルダーのチームに、十分な資金となる金額を出してくれる投資家はいないでしょう。かといって、彼ら自身にお金があるわけでもない。

そこでチームは、自分たちのできるところから始めました。受託開発業務を行い、とにかく生き残り、弾みをつける。そして可能になったら、あまっている内部リソースを使って自分たちの商品や会社をつくるのです。

始めてみると、最初の3～4カ月間は、かろうじて破産をまぬがれているような状態でした。それでもチームがバラバラになることはなく、それどころか、新たに仲間に加わるエンジニアも出てきました。それもこれも、ラングマーとボーナーが打ち出し、ラボ・クープのコアチームが尊重していた、信頼し合える環境と組織の透明性のおかげかもしれません。

事業に弾みがつき、受託開発業務によるキャッシュフローが安定すると、彼らは少しずつ視野を広げていきました。エンジニアの需要が大幅に満たされていないことを見て取ると、ハンガリーの別の商品開発チームであるデジタル・ネイティヴズ（Digital Natives）と協力し、グリーン・フォックス・アカデミー（Green Fox Academy）というプログラマー養成学校を共同で設立しました。

この合弁事業は、プログラミングを教え、同校の修了生を企業に派遣する人材派遣会社の役割も果たしています。

ラボ・クープのコアチームは1年ほどで7人から21人（傘下のスタートアップすべてのメンバーも入れると35人）になり、今後どこまで増えるかわかりません。

派遣ビジネスは好調で、今では自分たちのスタートアップ・プロジェクトに人材を割り振る余裕もあります。

大々的に掲げているのは「企業の傘をつくる」というビジョン。ラボ・クープはすべての受託開発業務をチェインリアクション（Chain.Reaction）という新会社に分社化しました。そして、グリーン・フォックス・アカデミーの規模は、２０１６年には3倍になる見込みです。また、中央ヨーロッパ初のハードウェア・アクセラレーターであるスマートウェアテック（SmartWare.tech）が、彼らの最新プロジェクトとなる予定です。

こうした「非スタートアップ系ベンチャー」を先に立ち上げる背景には、経営上のリスクの問題があります。たいていの場合、スタートアップは失敗するものです。ゼロから起業するのであれば、そんなスタートアップのプロジェクトをベンチャービルダーの基盤とするのは容易なことではありません。

一方、とびきり優秀なチームがあれば、キャッシュフローを生み出す土台を築くことができ、実験をする余裕も生まれます。しかも、外部の資本に頼らずに済むのです。

オーナーシップがすべて

では、彼らのレシピの決め手となる〝秘密のソース〟は何なのでしょう。

世界のどこでも同じですが、エンジニアは需要が多いものです。ブダペストとその周辺地域には、プログラマーを探している数百ものサービスセンターや、ラボ・クープ系列とは別の受託開発業者の他、資金の潤沢なスタートアップもいくつかあります。そんな中で、小さくて脆弱なベンチャービルダー志望の会社が大勢の優秀な人材を魅了しているのは、いったいなぜなのでしょう。

答えはオーナーシップです。チームは、まだお金がなかった立ち上げ初期に、自己管理と自己動機づけができ、自分たちの会社をわがことととらえる起業家集団になりたいと考えました。ただし、従業員に対して、すぐに超のつく高給を払えないことはわかっていました。そこで、最も実行可能な方法が、会社を分け合うことだったのです。

これは、メンバー全員が同じだけのリスクを負うことでもあります。と同時に、創業者と他のメンバーとの間にありがちな、モチベーションの差を埋められることも意味しました。ほとんどのメンバーがオフィスの賃貸料や光熱費を支払うために受託開発業務を行っている間、ラングマーは新設した会社を分割所有する選択肢をいくつか検討しました。会社の利益を分け合うだけでなく、ハイレベルな決定にもメンバー全員が参加できるチャンスを与えられる方法を見つけたかったのです。

従業員でストックオプションをプールするのも悪くはありませんが、エクイティの分割(訳注：株主資本の持分の確定)が不均等で、従業員にとってはイグジットに成功した場合にしかうまみがありません。

全員のニーズに応えるべく、ラングマーは最終的に、個々の業績に応じてエクイティ分割を絶えず調整する制度の下で、ラボ・クープを従業員が所有することを提案しました。これで必要な報奨金が確保され、従業員全員に大きな力が委ねられることにもなります。

在籍期間が長くなるほど、そして担当する仕事の内容が複雑になるほど、取り分が多くなります。この報酬方式は、SNS管理サービスのバッファー（Buffer）などが採用している、あらゆる経営データを公開するやり方——もちろん、全社員の給料の計算式まで——からヒントを得たものでした。これにより、給料や普通株、優先株などが調整されます。

この方式は事業を拡大し、従業員が最大限、仕事に打ち込み続けられる仕組みとなっています。私はこれを最初に聞いた時、「でも、そんなものは共同オーナー制がカオスと化さなければの話だ！」と直感的に反応しました。ところがラングマーの説明によれば、同社は共同オーナー制に加えて、従来のようなトップダウンの組織構造ではない「ホラクラシー」に基づくスケーラブルな運営システムを構築していました。組織全体の透明性や説明責任、機動力を向上させる、いわばピア・ツー・ピア（仲間同士）の運営システムです。

これは透明性の担保されたルールと会議のプロセスによって達成され、チーム全員に権限を分散させて、すべての従業員が組織のある部分に対してリーダーシップを取れるようにするものです。

ＣＥＯの力でさえ、こうした組織の体質によってバランスが保たれています。そして、組織の運営プロセスと方針をチームで共に決めることで、ラボ・クープは従業員の働き方を常に向上させることができるのです。

リーダーシップを取る担当領域はメンバー間で分かれています。どのプロセスについても全員がルールの変更を提案できます。ただし、提案が実行されるのは、その領域の担当者がそれでシステムがよくなると判断し、他のメンバーも問題ないと考えた場合に限られます。

給料は透明性のある方式によって決まり、現在では個別に不透明な契約が交わされることはありません。数カ月前には、仲間同士で張り合いながら報酬決定要因も改良していけるように「バッジ型報酬制度」を導入しました。

この制度は、パートナーが自分たちで「バッジ」を規定し、獲得できるというもので、それぞれのバッジは役立つスキル（または才能、能力、業績、知識分野の他、同じように報酬の決め手となるもの）を表しています。パートナーらは各スキルを、すでにそのバッジを持っている同僚たち、または、まだバッジの保有者が十分な人数に届いていなければ「バッジブートストラッパー（訳注：「ブートストラッパー」はソフトウェアのインストール前の環境を確認するチェック用プログラム）」役に示すことでバッジを獲得します。

また、誰もが新しいバッジを提案し、まだ「バッジライブラリー」に入っていない有用なスキルを手に入れることもできます。こうしたさまざまなバッジの組み合わせが、特定の報酬テーブルにマッピングされ、報酬が決まります。

パートナーたちには、自分が保持するバッジの組み合わせの中で最も価値の高い組み合わせを基に、報酬が支払われることになります。何か確執が（たいていは組織内や市場価値の面での不公平感から）あれば、誰でも新しい組み合わせの評価を提案することが可能です。

このシステムは、賃金をめぐる確執を解決するために、報酬制度を改良する権限と責任をメンバーに与えるものです。同じような基準は、従業員持ち株制度の変更決定にも使われます。会社はこの決定の結果に基づき、ハンガリーの法律に従って、新株の発行と分配を行うことになります。

ラボ・クープは信頼の下に組織の基盤が築かれたために、創業者と共同オーナーとの間で長期の契約は必要ありませんでした。創業初期には全員が自分の限界に挑み、前進するために身を粉にして働いたものです。

運営システムは繰り返し使う中で進化していきましたが、最大の課題は、地元の法制度の下でこの共同オーナーモデルを実践する方法を見つけ出すことでした。解決策を探りながらキャッシュフローを構築する間に、ラングマーは他のスタートアップスタジオについて猛勉強をして、最高の事例や、業績を上げている受託開発業の例などを調べていきました。そうして彼らが決めたのが、混合モデルだったのです。

ラボ・クープは起業家たちが共同所有するテクノロジー系ベンチャービルダーであり、ポートフォリオ企業——今のところ、デジタル商品ラボ、学校、アクセラレーター、販売会社が1社ずつある——を育成し、彼らにサービスを提供しています。

今後の展望

この混合モデルは、ラボ・クープの発展し続けるビジョンに沿ったものです。

同社は、「会社を共同で所有すること」や「スタートアップを共に創出すること」など、いくつかの重要な柱を打ち立ててからスタートしました。今では、その柱に「経験」という補強材がプラスされたことで、ビジョンがまるで生き物のように順調に育っています。

とはいえ、共同オーナー制やホラクラシーを活用していては、ラボ・クープの求人は選択肢が狭まると思われるかもしれません。

なにしろ仕事ができて、自己管理ができて、実験的組織の共同オーナー役を進んで務める特別な種類の人間が必要になるからです。

でも、実はこの仕組みこそが実質的な第一のフィルターとなって、必要な特徴を本当に備えた適切な人材だけを集めているのです。

ラボ・クープのチームは、新しく加わったメンバーの教育にかなりの労力を費やさなければなりませんが、手間をかけるだけの価値はあるでしょう。

それでもベンチャービルダーの視点から、ラボ・クープの未来には、なおもいくつか疑問が残ります。ベンチャービルダー部門が軌道に乗ってきたら、チームのメンバー間で人員とエクイティをどう分割するのか？ 傘下のスタートアップの成長を加速させる必要が出てきた時、ＶＣからの投資をどう取り込むのか？ スタジオ運営ではよくある、投資家からの「待った」をどう解決するのか？

いずれ彼らには、これらの疑問に答えなければならない時が来るでしょう。同社の驚異的な成長スピードを見ていると、私たちはそれほど待たずに、答えを知ることができるはずです。

ただ、その日を待つまでもなく、ラボ・クープは、坂を転げ落ちるスタートアップの形勢を一変させ、業績順調な起業志向のスタートアップビルダーへと転じた、紛れもなく心強い手本であることに違いはありません。

四章　完全共同所有のベンチャービルダーをゼロから立ち上げる

スタートアップスタジオの基本は、スタートアップを次々と立ち上げることです。そのためには、アイデアの健全な供給路が必要となるため、非常に大変なことに思えるかもしれません。

スタートアップにおける「実験」の対象となりそうな有望なアイデアを思いつく方法はいくつもあります。ところが、実際に世界的な成功を収める可能性を秘めたスタートアップを立ち上げるには、より洗練されたアプローチが必要です。次の章は、まさにそのアプローチがテーマとなります。

ミディアラボ（Midealab）はまだ新しいベンチャービルダーで、2015年の夏、フィンランド人とスウェーデン人の実績ある3人のシリアルアントレプレナーが手を組み、誕生させました。以来、彼らは3つのスタートアップを育て、チームを大きくし、メンバーはいまや数カ国で25人以上にのぼります。

ミディアラボは、スタジオをいかに素早く成長させることができるのかを示す、一つの好例となっています。彼らの成功の秘訣。それは、メガトレンドをどのようにして見つけるのか？にあるようです。

五章

メガトレンドからスタートアップを立ち上げる

ミディアラボが北欧を席巻しているワケ

寄稿者
ヘンリー・ニレルルト
ニコ・ポルッカ
ユホ・オラネン

この章を特に読んでほしい人たち

スタートアップスタジオ

起業家、起業志望者

ミディアラボのチームは、新しいビジネスのアイデアに命を吹き込みたいという情熱を持ったシリアルアントレプレナーと、エンジニア、デザイナー、マーケッターで構成されています。チームの目標は、スタートアップを素早く効率よく立ち上げ、デジタルベンチャーの有益なポートフォリオを構築することです。

私たち3人は長年、会社をつくることに携わってきました。「面白い」と思ったいくつかの分野で新しいスタートアップを立ち上げることを検討していましたし、もっとイノベーティブなモノを生み続けたいとも思っていましたが、近ごろのスタートアップの立ち上げ方は非効率だと感じていました。

創業間もないスタートアップでは、基本的な仕組みを整えたり、イケアに行ってオフィス家具を買いそろえたり、会社の設立や会計にまつわる専門知識を身につけ、どんなタイプのコーヒーマシンを買えばいいのかまで考えなければなりません。その間に、チームは貴重な時間を無駄にすることがあまりに多すぎるのです。

初期に行うMVPの開発に必要な資金をどう賄い、市場をどう検証するかといった根本的な問題に取り組んで、アーリーステージの投資家を確保し、適切な人材を採用するのは、まだその後の話です。

一つのスタートアップが、こうしたすべての機能を確保するには多大な労力が必要となります。であれば、スタートアップに必要な機能をすべて一つのプラットフォームに集約し、その中で複数のスタートアップをサポートした方が効率的です。毎回ゼロから始めても意味がありません。

そんなわけで私たちは、事業のコンセプトから商品のアイデアを生み出して市場検証するまでを素早く、コスト効率よく行う手段として、スタートアップスタジオのモデルを検討することになりました。

スタジオの発想はシンプルなものでしたが、とても効果的でした。スタジオが起業のプラットフォームとなり、優れた企業を立ち上げるためのコア機能を提供するので、各スタートアップのチームは商品を作って大当たりさせることに全力を注ぐことができます。これにより、従来のスタートアップ・モデルに多い非効率な部分が取り除かれ、市場検証のコストも削減されるのです。

デジタル経済の競争が激しくなるにつれ、新商品を売り出して成功させるには、技術開発、デザイン、マーケティング、市場開拓と、あらゆるフェーズで世界に通用する仕事が求められます。そして、これらの多くは、新規のスタートアップがそれぞれにアーリーステージで確保しなくても、スタジオで一元的にサポートできる再利用可能な機能です。

この部分がうまく整えば、スタートアップのチームはアーリーステージで成功するために必要なこと、すなわち商品開発と市場開拓に集中することができます。チーム発足の1日目から仕事に本腰を入れられるように、スタジオがさまざまな重要機能を提供してくれるからです。

始まり

そもそも私たちは、その数年前から起業家やアドバイザー、投資家として活動していたフィンランドとエストニアの活気に満ちたスタートアップ・エコシステムを通じて知り合いました。ポルッカとオラネンはラピオワークス（Lapioworks）と連携し、ベンチャーの立ち上げと同時にスタートアップや大企業へのコンサルティングも行っていました。

一方、その頃ニレルトは、自ら手がけた2社目のスタートアップを大手企業に売却したところで、再びイチかバチかの勝負に出たいと考えていました。

3人共いち早くチャンスを見つけ、新しい何かを生み出して広めたいと思っていましたし、そのことだけに集中したいと考えていたのです。

また、3人共に会社をゼロから立ち上げた経験があるため、〝イケア行脚〟からやり直すのはごめんでした。3人の培ってきた経験とネットワークを活かして、面白そうでやりがいのあるチャンスをスピーディに追求できる方法があるのでは？　そう感じていた私たちにとって、スタートアップスタジオが最も確実な選択肢だったのです。

2015年の夏、すべてが収まるべきところに収まり始めました。ポルッカとオラネンは自分たちの事業のコンサルティング部門を売却し、ニレルトは再び新たなベンチャーに専念することに決めたのです。

スタジオモデルで成功を収める上で鍵を握るのは、新しいアイデアを素早く導き出し、試し、発展させる力を持つことです。そのためには優れた開発リソースが必要ですが、フィンランドやエストニアではスタートアップが急増していたことから、人材を集めるのは難しくなっていました。

以前に興したスタートアップでは、クラウドソーシング会社を通じて、ウクライナのエンジニアと遠隔で仕事をしていました。それはそれでよかったのですが、チームと十分な距離感で連携できないために、スタジオを運営する際は理想的とはいえません。

私たちには「自分たちのスタジオ」が必要でしたし、ウクライナの豊富な人材プールも魅力的でした。ウクライナで働くのは簡単ではありませんが、それでも、ほんのわずかな忍耐強さとふさわしい人材、そして少しの運があったおかげで、2015年5月、私たちはウクライナのリヴィウにスタジオをオープンすることができました。

面白そうな機会があれば、優秀な人材は自然と寄ってくるものです。ミディアラボは、各自が責任を引き受け、新たなテクノロジーを探求し、新しいモノづくりに参加できる、開かれたダイナミックな職場環境を提供することで、信じられないほど優秀な仲間を見つけることができています。

ウクライナのような市場には、とてつもなく有能な人材が大勢います。しかし、彼らには新しいスタートアップをゼロから興すのに必要なネットワークや、そのための幅広いスキルがないために、起業を躊躇する傾向がありました。そんな中、彼らはスタジオに加わることで適切なサポートを受け、資本参加の機会を得ながら、新しいアイデアを発展させることに専念できるのです。

一方で私たちは、人材採用ではハッカソンを使ったアプローチも採っています。新しい機会を探るアイディエーションや、既存のベンチャー向けのソリューション開発に際して、興味深いノウハウを持つ人たちを招き、週末のハッカソンに参加してもらっているのです。

そうすることで、元からいるチームと新しいメンバーが共同作業で素晴らしいアイデアを生み出し、お互いを知って、スタートアップの空気を感じることができます。ハッカソンは今でも、ミディアラボのアイディエーションと採用プロセスの中心となっています。

スタジオの立ち上げから1年以上が経った今、ミディアラボは資金を提供している3つのスタートアップを含めて、25人を超える熱心なスタッフを抱えています。リヴィウの他に、フィンランドのヘルシンキ、エストニアのタリンにオフィスを持ち、投資家とパートナーのネットワークは広がり続け、ワクワクするような新しいアイデアが今も進行中です。

リヴィウとヘルシンキ、そしてタリンに拠点を置くことで、私たちはそれぞれに強みを持つ、非常に興味深い3つのエコシステムから恩恵を受けることができています。ウクライナはエンジニアが豊富で、エストニアは非常に起業家に優しい市場であり、スタートアップ・エコシステムが十分に発達したフィンランドはテクノロジーとアイデアの培養の場となっています。

さらに私たちは、長年かけて欧米に公私にわたるネットワークを広げており、市場参入を助けてくれる人脈やパートナー、スタートアップの成功に必要なその他リソースを見つけるのにこれを活用しています。

こうした仕組みがあることで、ミディアラボは、スタートアップ創出の核となる要素を提供し、成功に向けた重要なことにチームを専念させることができています。私たちはアイデアを練り、実行に移し、資金を提供する力や、優れた人材を呼び込む力を絶えず高め続けています。

メガトレンドに集中する

社名の一部である「ミディア（Midea）」は、「メガアイデア（mega ideas）」、つまり新興市場を激変させ、大きくなる可能性を秘めたアイデアを表しています。

「これ！」というメガアイデアを見つける鍵となるのは、その先何年も高い自律的成長率を維持するトレンドを把握することです。こうしたメガトレンドがもたらす市場の成長や激変は、スタートアップにとっては新たな解決策を売り込み、その分野のリーディングカンパニーとなる可能性を開くものです。

さらに面白いのは、２つ以上のメガトレンドがぶつかり合った時に生まれるチャンスを模索することです。

例えば、ソーシャルメディアの台頭とモバイル端末の普及が合わさって、モバイルビデオやバーチャルリアリティ、またその関連分野に大きなチャンスが生まれ始めています。また、働き方の変化とデバイスの向上とが相まって、コラボレーションプラットフォームとコミュニケーションツールを普及させるチャンスが広がっています。さらに、教育のデジタル化と、ソーシャルメディアやモバイルゲームの人気が重なったことで、ゲーミフィケーション（訳注：ゲーム以外の分野にゲーム的要素を応用する試み）とソーシャルメディアを統合する教育ツールが出現し始めているのです。

「インターネットとモバイル関連のことはすべてやり尽くされているし、大企業の独占状態を覆すことはできない。本当の意味での新しいチャンスなどほとんどない」

そう決めつけるのは簡単なことです。でも、私たちはそうは思いません。変化は加速し続け、メガトレンドが生まれては組み合わさり、新たなチャンスがあることを教えてくれています。大事なのは、そのチャンスを見極め、いち早く、効率よく、追い求められるかどうかです。

ただし、メガアイデアを見極めるだけでは十分ではありません。重要なのは、新しいスタートアップを生み、資金を調達し、立ち上げるのに、今がふさわしいタイミングなのかどうかです。タイミングは常に成功の鍵であり、どのアイデアを進めるかを決める際に私たちが検討する重要な基準の一つです。

ミディアラボでは、メガトレンドの進行を次の3段階に分けて考えています。

1．初期のイノベーション段階

この段階のアイデアは、まだ主流にはなっていません。すでにそのトレンドが話題になっていたり、周辺で何か動きがあったりはするかもしれませんが、まだ大きな市場に進出する時期ではなく、そのタイミングは数年先になるのが普通です。

この段階では、スタートアップは適切なトラクションを探さなければならず、市場が成熟するまで持ちこたえるだけの忍耐と資金が必要になります。

私たちはこの段階のトレンドを追いながら、今にもそこから脱して成長段階に入ろうとしているものに注意深く目を光らせておきます。

2．成長段階

ここが私たちの目指すところ、スタートアップにとってのいわゆる「パーティータイム」です。

この段階では、大量の消費者が新しい行動を取ったり、テクノロジーを取り入れたりし始めます。つまりは、消費者の要求に合った解決策を提供する大きなチャンスがあるということです。例えばモバイルビデオは、通信規格の４Ｇ（第四世代）が主流となって消費者行動が変わり、新サービスの可能性が開けた好例です。スナップチャット（Snapchat）やシュート（Shuut）のような動画配信サービスの例を見てください。

中には、必ずしもグローバルではないトレンドもあります。あるトレンドが、成熟した市場ではすでに下火になりつつある一方、発展途上の市場では急速に拡大し始めたばかりということもあるかもしれません。モバイルアプリは、成熟市場では飽和状態になりつつありますが、消費者が最近になってようやくスマートフォンに切り替え、アプリを使い始めた新興市場では、まだまだ非常に大きな可能性を秘めています。

3. 飽和段階

どんなに大きな「パーティー」にも、やがて終わりが来ます。過度な成長段階が過ぎて市場が飽和状態になると、新たなスタートアップの設立は、より大きな財源を必要とする「企業ゲーム」の様相を呈してきます。

モバイルゲームは、すでにこの段階に達しつつあるといえるでしょう。同じことがソーシャルメディアと通信プラットフォームにも当てはまります。通常、この段階のアイデアは、まだスタートアップのタイミングではありません。

私たちが立ち上げるスタートアップは、実現の可能性も選定の基準となります。「人材や専門知識、その他リソースの観点から、私たちにそのスタートアップを立ち上げる力があるのか？　市場に参入して成長する可能性が現実的にあるのか？」と考えます。

そして実現の可能性を検討する際には、自分たちにとってとりわけ魅力的なタイプのスタートアップを見極めます。特に魅力を感じるのは、価値を生み出しスケールするのに、大がかりな組織運営を必要としないスタートアップです。

運営規模の大小はスタートアップによってかなり差があります。何万人もの従業員を抱え、時価総額30億ドル（1ドル100円換算で約3000億円）のロケット・インターネット（Rocket Internet）と、従業員数200人弱で時価総額100億ドル（約1兆円）となったゲーム会社スーパーセル（Supercell）の例を見てください。ここから何がわかるでしょう？

ロケット・インターネットは、価値を生み出すのにかなりの人的資源を要する電子商取引（eコマース）と食品配達の分野で、大規模な会社を運営しています。一方、スーパーセルや対話アプリのワッツアップ（Whatsapp）、スナップチャット、マッチングアプリのティンダー（Tinder）といったスタートアップは、人的資源とは無関係にスケールする、価値のある商品を開発しています。

ミディアラボによるスタートアップの立ち上げ方

ミディアラボが行っているスタートアップ創出のプロセスは、重要な3つのステップに基づいています。アイデアを探求して構想を練る「発見」の段階、構想を市場で通用するMVPへと変える「構築」の段階、通用する商品が高成長のスタートアップに組み込まれる「成長」の段階です。

「発見」の段階でものを言うのは、市場調査と、さまざまな市場動向および市場機会全般への理解です。通常、私たちは、特定の市場機会に絞り込んだら、コンセプトをさらに練るために、参加者を募って数日間のハッカソンを開きます。場合によってはこの段階で初期の市場検証をある程度終え、実現の可能性に関して疑問点を挙げていくこともあります。

次の「構築」の段階では、さらに市場検証を進めてプロダクト・マーケット・フィットへの微調整をするために、MLP（Minimum Loveable Product／ユーザーに愛されるための最小限の機能を有する商品）の開発へと移行します。また、ビジネス開発とマーケティングについてさらに掘り下げて研究し、どこの市場にどう参入するのがベストなのか理解を深めます。この段階でスタートアップは羽化を始めるので、急成長するためのコアコンピテンシーを見極め、強力な専任チームを結成します。さらに、それ相応のランウェイ（訳注：スタートアップがキャッシュ不足に陥るまでの残存期間）を確保するために、投資家のネットワークから十分な資金を募ります。

スタートアップを立ち上げて資金を調達したら、今度は「成長」の段階に入ります。はじめのうちはミディアラボが深く関与し続け、戦略や求人、資金調達、その他の分野を支援しますが、やがて、スタートアップは徐々にスタジオから独立した形で活動し始めます。

では、このステップが私たちの場合どう機能してきたのかを見てみましょう。

ここ最近、私たちが夢中になっていた分野の一つに、モバイルビデオがあります。重要なきっかけとなったのは、私たちと友人の子どもたちのモバイル基本契約を3Gではなく4Gで結べるとわかり、モバイルビデオ消費の急増につながると気づいたことでした。当然、私たちは、フェイスブックのようなWebサービスが全体的にモバイルにシフトしていることや、スナップチャットやインスタグラムのようなモバイルビデオ・プラットフォームが出現していることも把握していました。

そこで2015年の秋、エンジニアやデザイナー、実業家を招いてハッカソンを開き、週末をかけてモバイルビデオ関連のアイデアを掘り下げていきました。そして、大きなトレンドであるモバイルビデオ広告と、これを誰にでも利用しやすくする方法に焦点を絞り込みました。

その結果生まれたのがシュート、つまり、モバイルビデオ広告の制作と配信を10倍簡単にするモバイルアプリです。

私たちは、ハッカソンの参加者も一部含めてチームを編成し、アプリの最初のバージョンづくりを開始しました。そして、パートナー候補者や見込み投資家らと、さらに検証と議論を行った後、プロジェクトのシード資金調達を実施しました。結果、シュートは現在、動画を使ってフェイスブックに広告を出す最も手軽な方法の一つとなり、グローバル展開の準備を進めています。

ミディアラボのポートフォリオ企業には、モバイルビデオに関連した別のスタートアップとして、クリップ（Klip）というマッチングアプリもあります。

こちらは、私たちの同僚が今の出会い系アプリに失望していたことがきっかけで生まれました。「フォトショップ（Photoshop）で加工されたプロフィール写真とテキストだけのチャットでは、候補者の写真は誤解を与え、そのせいで悲嘆する人が出る上、貴重なプログラミング時間を無駄にする」というわけです。その解決策が、マッチングにビデオを組み込むための新たな取り組みでした。

このケースでは、私たちはウクライナにあるオデッサで開かれた「ガレージ48

（Garage48）」というハッカソンイベントに参加し、優勝しています。そこからは急速に事が進み、正式にチームを発足してエンジェル投資家を確保すると、商品を開発し、数カ月後の発売にこぎつけました。

どちらのケースも、アイデアからスタートアップの立ち上げへと発展した鍵は、スタジオの構造にあります。おかげでチームは、商品を開発し、それをいち早く、より低コストで市場に投入することに、１００％集中することができました。

ミディアラボの狙いは、確固としたプロダクト・マーケット・フィットと十分な資金、成長に集中できる強力な専任チームによって、スタートアップに「構築」の段階を比較的短期間で通過させることにあります。

その良い例が、私たちのポートフォリオ企業であるフューチャー・ダイアログ（Future Dialog）です。同社の場合、初期のアイデアと構想が練られたのは２０１５年の末、最初のユーザーが使い始めたのは２０１６年2月でした。今日、フューチャー・ダイアログは専任のチームを持ち、毎月利益を確保し続け、独立した企業として急成長を遂げようとしています。

今後

新しいスタートアップの立ち上げに近道はありませんが、重要な要素、すなわち優秀な人材、素晴らしいアイデア、十分な資金があらかじめ整った状態にすることで、成功の確率を大幅に高められることを、私たちは学んできました。

スタートアップスタジオというプラットフォームは、新しいスタートアップのチームがこうした要素をいつでも利用できるようにし、彼らが商品開発に必要なことのみに集中して市場進出できるようにすることで、成功の確率を高めるものです。

ミディアラボは、成長段階の企業1社と、資金提供したスタートアップ2社、詳細を詰めている新しいアイデアを複数抱えて、スタジオモデルの有効性を検証し、向上させるチャンスを得ました。ウクライナとフィンランドとエストニアで実績を積んできたことと、独自のネットワークがあることで、新しいアイデアを実現して素晴らしい会社をつくりたいというビジョンを共有するさまざまな人を引きつけ、仲間として会社に迎えることができました。

アメリカの自己啓発家ジグ・ジグラーが言うように、「あなたはビジネスを育てるのではない。人を育てるのだ。するとその人々がビジネスを育てるのである」と、私たちは心に刻んでいます。もしあなたに才能があり、素晴らしい会社を育てたいという情熱があるなら

（もしくは、私たちと一緒に取り組みたいアイデアをお持ちなら）、どうぞ連絡をください。

もしあなたがアーリーステージに狙いを定めている投資家で、そうした投資機会を効率よく探ることのできるプラットフォームに参加したいとお考えなら、ぜひ私たちのネットワークにお迎えしたいです。

変化は加速しています。この先も、メガトレンドが生まれては組み合わさり、新たなチャンスの存在を教えてくれるでしょう。ミディアラボはそうした次なるメガアイデアを探求し、実現させていきます。

私たちの連絡先
https://midealab.co

私がスタートアップスタジオについて調査を始めた2015年、このスタジオモデルについて早くから話を聞いていた人たちの中に、オランダ・アムステルダムのシリアルアントレプレナーであるヨンス・ヤンセンスもいました。当時彼らは、現在バックスペース（Backspace）と呼ばれているスタジオを始めたばかりでした。ゲーム業界でデベロッパー・パブリッシャー双方の事業を行う米ブリザード・エンターテインメント（Blizzard Entertainment）に似たビジネスモデルであるために、彼らは自分たちを「テクノロジーの版元」と考えています。

このビジネスの遂行には、しっかりとした文化を持つチームが必要となります。目的、使命、BHAG（訳注：人生や社運を賭けた大胆な目標）、ビジョン、天職、遺産と、呼び方はいろいろですが、どれも日々を満足して過ごすためのよりどころです。繰り返しアイデアを生み出し、アイデアをビジネスにしなければならない組織でそうしたよりどころを得ることは、大きな課題の一つです。

次の章では、これをかなえる文化のつくり方について、バックスペースが同社の秘訣を伝授してくれます。

六章

文化は動詞

オランダのスタジオが実践する組織風土のつくり方

寄稿者
ヨンス・ヤンセンス
バーバラ・プットマン・クレイマー

この章を特に読んでほしい人たち

スタートアップスタジオ

あなたは自分の仕事に関心がありますか？　なぜその商品を作っているのか理解しているでしょうか？　人は人生のほぼ3分の1を働くことに費やしています。そう考えると、仕事とは、収入と共同体意識をもたらすという第一の目的を超越するものです。だから、働くことの意味や従業員の幸福、自分の会社の背景にある「なぜ」について扱った本や記事が増えているのも不思議ではありません。

バックスペースでは、仕事を、単に時間と引き換えに対価を得る以上のものととらえています。そして常に、最初に挙げたような問いを自分たちに投げかけ続けています。オフィスでも、自宅でも。

バックスペースはスタートアップスタジオです。ベンチャーの創業者たちが集まり、11人の専門家による専任チームを有しています。彼らは「第三の共同創業者」として、起業家と共にアイデアを育て、有意義な会社へと変えるのです。

現在抱えているチームは、条件つき支払いアプリのフロリン（Florin）、スマートテキスタイルのバイボッレ（BYBORRE）、ユーザー情報を第三者に売らないメールサービスであるソヴェリン（Soverin）の3つ。もしバックスペースもカウントするなら、4社になります。実際、私たちはバックスペースも数に入れています。スタジオのポートフォリオ企業と同じように、私たちもまた、「アイデアから有意義な会社に育った」企業だからです。

この章では、私たちが

1. どんな考えから文化を崇めるに至ったのか？
2. 全く新しいチームと半年以内に文化を形成するには何が必要だったのか？
3. 私たちの意識の中で、文化を常にトップに位置づけておくのに重要な習慣をどう根づかせたのか？

の3点について説明します。もちろん、その過程では失敗もありましたが、それもまた、成功と同じように大事なことです。

バックスペースは現在、内部のアイディエーションから生まれた企業と、外部オーナーの企業との混合企業に重点を置いています。まだスタートアップの段階にあった頃の私たちは、アイデアを選定する「審査員」役ではなく、自発的に仕事をこなしていく役目を果たすのが重要だと考えました。そうしてスタジオが稼働して1年ほど経った頃、スタジオの取り組みについてメンバー全員が何を重視するかをきっちり定義しました。

今のところ、このアプローチはうまく行っていると思っています。

何よりも、創業者とバックスペースのチームに漂う雰囲気がしっくりといっていることが一番です。

人は会社なり

というのも、アーリーステージのスタートアップでは、「人」が会社そのものだからです。たいていは「小さな集団」であるスタートアップのメンバーは、前に進めば、克服不可能とも思える無数の課題に直面することになります。そんな緊迫した状態を認識して処理するには、健全な文化、つまり「良い雰囲気」が必要です。それは、文化を動詞として扱うことでしか生まれてきません。

私たちの文化は、ポートフォリオ企業の間でリソースを配分する時に最も効果を発揮します。要求がぶつかり合うことも時にはあります。それでも、私たちはすべての企業と良好な関係にあるため、衝突も「不要なものを取り除く機会」だと全員がとらえています。私たちが背伸びをしすぎたり、手を広げすぎたりすれば、スタジオとスタートアップのどちらにとっても損です。

そして滅多にないことですが、スタジオのチームがポートフォリオ企業のニーズに応えられない時のために、私たちはクリエイティブな専門家たちによる人材プールを外部に形成しています。

重視する3つの見識

スタートアップスタジオに対する私たちの考えは、10年以上にわたる起業活動と、異なるスタートアップに指導をする中で得た3つの重要な見識に基づくものです。

では、その中身をご紹介します。

1. 注力　起業家は最初に、商品づくりと市場の開拓に注力する必要があります。スタジオの共有リソース（資金調達、求人、運営などの機能）があれば、創業者は一番必要なところに人材を投入し、集中することができます。後のことはスタジオが引き受けます。

2. バランス　テクノロジー、デザイン、トラクションのスキルが適切に組み合わさってこ

表2：バックスペースが一緒に働く人に求めるスキルセット・守備範囲・姿勢

テクノロジー	デザイン	トラクション（成長エンジン）	文化	運営
商品計画	クリエイティブ戦略	マーケティング戦略	原則	総務
モバイル	サービスデザイン	チャネル戦略の実行	儀式	法務
フロントエンド	UIデザイン	サポート	ビジョン	財務
バックエンド	ビジュアルデザイン	パートナーシップ	使命	資金調達
モニタリング	商品デザイン	オンライン販売	ブランド	公証人
インフラ	広告コピー	オフライン販売	雇用	企画
ハードウェア	動画	メトリクス（評価指標）	ピッチ	オフィス管理
生産	図版	マスコミ対応	戦略	報告

そ、スタートアップの成長があります。「欠けている」スキルはスタジオが提供しますが、柱となる3つのスキルは、スタートからすべてそろっていなければなりません。妥協はしません。それだけで失敗のリスクを減らせるからです。上の表2は、基本的なスキルを示すテンプレートです。私たちはこれで、創業者が必要な役割をどこまで果たし、どの部分をスタジオのチームがカバーしているのかを把握しています。

3. 仕組み

私たちにとってイノベーションとは、分析を重ねた先にあるものです。スタートアップの立ち上げ期に生じる混乱を収拾するために、私たちは「アイデアを会社に育て上げる」までの流れを示す100以上のステップをリスト化しました。これがあることで、スタートアップの創業者は

「正しい過ち」を犯すことはあっても、二度と同じ過ちは犯しません。ただし、これは絶対的なものではなく、スタートアップを立ち上げるたびに改善されていきます。

バックスペース・モデル

バックスペースのチームは2016年の春に結成されました。新しい顔ぶれに、新しい企業モデル＝スタジオモデル、既定の働き方もない状態でした。ですから対処すべきことが山のようにあって、本当なら、文化に目を向けるどころではなかったかもしれません。

それでも私たちは「文化」に投資し、最低でも月に一日を割いて、お互いが熱意を持って取り組んでいるプロジェクトや、それぞれのスキル、思い描くバックスペースの未来について知ることで、自分たちの価値観を明確にすることに努めました。

文化とは行動することであって、Ｗｅｂサイトで語ることではありません。

とはいえ、文化は曖昧なものでもあります。チームの日々の行動やＷｅｂサイトのデザイン、オフィスのインテリアとして目に見える部分もありますが、そのほとんどは、私たちと直接会ったりオフィスに足を踏み入れたりして感じる、目に見えない雰囲気が占めています。

私たちの目標は、できる限りこの「文化」を目に見える明確なものにすることでした。そのために、心理学分野の専門家2人と密に連携しながら、周到なセッションを何度も開いては、その後に個人やチームに課題を課したものです。

目的は、ルールに従うことでも書類に必要事項を書き込むことでもなく、チームにとって大事なことを共有する場にみんなを誘い込むことでした。

最初の難問は、文化について語り、なぜその文化が一緒に働き始めたばかりであっても大事なのか？という理由を語ることでした。

私たちは、文化は仕事ぶりに影響すると考えていました。なぜなら、「働く喜びが仕事を完璧なものにする（訳注：古代ギリシャの哲学者、アリストテレスの言葉）」からです。

しかも、文化は私たちの気持ちにも影響します。素晴らしい時間はますます素晴らしいものになり、つらい時にも前向きに向き合えるからです。

とはいえ、私たちのようなできたばかりのチームにとっては、そうした成果は単なる憶測の域を出ませんでした。できることといえば、頭を柔らかくして、自分たちのしていることを信じて、そこに時間（これは唯一、私たちに不足しているものです）を費やすことでした。

今にして思えば、文化をエンジニアリングすることは、人生における他の学習体験と何ら変わりはありません。その瞬間、すぐに理解できるものもあれば、後になって収まるべきところが見つかるピースもあります。

そしてあの頃わかったのは、「忍耐強くあれ」ということでした。バックスペースと傘下のスタートアップは、目を離していては育たないエコシステムをつくっているのです。

あのローマにしても、一日にして成ったわけではないのですから。

文化を「エンジニアリング」する6つのステップ

では、私たちが文化を築くために行った事柄をご紹介します。皆さんの会社やチームでも、このプログラムを応用してみてはいかがでしょう。私たちと違って専門家を知らない場合でも、何らかの形で誰か1人には、責任を持ってプロセスを把握してもらうようにしましょう。

1．自分たちの基本的な価値観と願望的な価値観を明確にする

価値観とは、誰かにとって人生で何が大切なのかを示す行動の原理や基準のことです。優れた企業価値は常に維持されなければならず、その会社のすべての領域、チームの全メンバーにかかわるもので、将来において重大な決断を下す助けになってくれます。

私たちのチームでは、どんな価値観を最も大切にしているのか、それぞれ意見を出し合ってみました。すると、普遍的な価値観がずらりと浮かび上がったのです。

中には、私たち個人の中にすでに根づいていそうな価値観もあれば、願望的な価値観に分類できるようなものもありました。私たちは、すでに根づいている（つまり基本的な）価値観と願望的な価値観の両方を、全員の心に響くフレーズにつくり替えました。

2. 自分の使命と目的を可視化する

使命とは、何を、誰のために、どのように達成したいのかということです。これを、動詞と、ターゲット層、測定可能な成果を入れて、できれば8語程度にまとめます。そしてそれを、一種の「マントラ」と考えます。

私たちは瞑想と可視化の技術を手引きとして、チームのメンバーそれぞれに未来を思い描いてもらいました。その未来像をみんなで話し合って大筋をまとめたので、内容は全員が等しく理解しました。

使命の推敲は最後です。私たちは「大切な人を悩殺する」ための効果的な方法を探しました。それが結果的に、モバイルサイトをまず立ち上げることだったのです。スマートフォンの小さな画面で見てもすぐに伝わるように、明確なメッセージを入り込む。これは本当にやってみる価値があります。

目的とは、会社の存在理由であり、自分が見たいと思う世の中の変化のことです。私たちのチームは、全員の強みと、フローの瞬間（訳注：時間の感覚も失うほど完全に何かに没入・集中している瞬間のこと）、存在意義がどう重なり合うのかを知ろうと努めました。そのスイートスポットこそが、私たちの会社の目的を教えてくれるものだったのです。

3．基本的価値観と願望的価値観を支える習慣をつくり、実験結果を検証する

悪い習慣は、良い習慣に上書きさせて初めて、追い払うことができます。もちろん、言うほど簡単なことではありません。簡単であれば、世の中はもっと違った場所になるでしょう。幸い、私たちはできたばかりのチームだったため、支配的な組織形態や深く根づいた行動という「遺産」が存在しませんでした。

とはいえ、湿地のような土壌を足場とするには、何度も実験を重ねる必要があります。私たちのチームはいくつか小さなグループに分かれ、願望的な価値観の一つを奨励する習慣を考え、試すことにしました。例えば、ワークライフバランスを忘れないように、毎日12時にみんなでランチを食べる、などです。

もちろん、いつの間にか生まれている習慣もあります。良い習慣（定期的なフィードバック・セッション）も、悪い習慣（成功したことへの祝福がささやかすぎること）も。文化とは、習慣を意識してこそ変えることができるもので、絶えずリエンジニアリングをしに行く

場なのです。

4. 個人的な話や学習目標を共有する

私たちのチームは総勢11人ですが、専門分野も11を数えます。仕事は実にさまざまで、データ分析からデータストーリーテリング、プログラミング、交渉条件の概要書作成など、多岐にわたります。そのため、全員のしていることを完全に理解するのは難しいかもしれません。それでも、個人的な話を共有することで、少なくとも同僚の隠れた人柄を知ることはできます。

そんなわけで、私たちは、それぞれの個人的な話を語り合いました。ルールはたった一つ。全員の話に100％耳を傾けること。これでチームの連帯感は保証されます。

5. チームでオフィスを出て〝電源オフ〟にする

週の大半を過ごすのに居心地の良いオフィスづくりを心がけてはいても、意識的にオフィスの外に出てみると、それが驚くほど効果を発揮するものです。私たちはオフィスを24時間閉じて、携帯電話も持たず、自然の中で過ごしたことがあります。いつものオフィス環境の外で同僚として時間を過ごすのは、共通の思い出をつくることになるので、効果は抜群です。

思い出はストーリーになります。語り継がれるストーリーに。そうして語り継がれることで、私たちの文化がどういうものかを教えてくれます。

6．文化を常に把握しておくために必要なものを見つけ出す

こうしたプログラムの後、メンバーの１人が、私たちの文化を把握しておく役割を引き受けてくれました。彼女には、週に一度の瞑想にしろ、社内報や、系統だったフィードバック・セッションにしろ、どんな習慣がチームのためになるのかがわかります。文化はチームの時間を費やす価値のあるものなのだと認識することが、まずは第一歩です。

文化のエンジニアリングに終わりはないので、私たちはこのプロセスで自分たちの助けとなるアプリケーションを構築することにしました。

今は社内で実験の段階ですが、そうしたプロジェクトが発足したことで、半年の実験の効果はすでに出たことになります。

文化を広める

バックスペースでは「文化のエンジン」をいつでもフルスロットルで回転させています。

前述の通り、スタジオには、複数抱えているスタートアップの一部であるという側面もあるので、私たちの文化が彼らの文化になるようにしなければなりませんし、逆もまたしかりです。

ここまで「エンジニアリング」という言葉を使ってきましたが、これは自分たちの文化をポートフォリオ企業にインストールすることを表しているわけではありません。そんなことはできないからです。人間の話をしているのですから。

私たちにできるのは、スタジオで行っていることや、使っているツールを彼らにも紹介することです。ちょうど今、皆さんにしているように。

スタジオとして私たちが約束するのは、アイデアを採用し、それをバランスの取れたチームと、機能する商品、測定可能なトラクションを備えた独立した企業に変えることです。これと並行して文化を育むためには、体系的なアプローチとスタートアップへの継続的な目配りが必要だと強調することのみです。

具体的には、基本的な価値観と、使命や目的を明確にすること、成功を祝うこと、定期的にフィードバック・セッションを行うことなど、私たちのプログラムの一部をスタートアップ立ち上げにおけるプロセスに加えるということです。

この作業では、お互いに学ぶところがあります。この学びと、スタジオの習慣、実験については、左記のブログで紹介し続けています。

https://journal.backspace.studio

皆さんにとってどれが役に立つのかを、ぜひお聞きかせください。その前に、私たちが選んだものをいくつか紹介するので、参考になれば幸いです。

現在の習慣

- 毎日一緒にランチを食べる
- チームの1人が企画して月に一度、社外活動を行う（バスケットボールからロングボーディングまでさまざま）
- 任務を見直すために、3カ月に一度ガバナンス・セッションを開く（ホラクラシーがヒント）
- 誇りに感じた瞬間をみんなで話し合って1週間を締めくくる
- 他人に親切にする

実験していること

- 週に一度、ボットが「幸福度の情報更新」を求める
- 個人的なテクノロジー実験（つまり、1カ月間スマートフォンなしで生活すること）を「実験シート」で促す
- 週に一度、朝の瞑想会を開く
- 採用のための質問をフォーマット化する

優れた文化とは、正確に説明することはできません。ただし、そうした文化がないことで、私たちはかえってその重要性に気づきます。私たちの経験談と取り組みが、「文化を持たなければならない十分な説明」になっていることを願います。

そして、使命を共有するチームと一緒になって、ぜひ意義のある商品を作ってください。そのために、文化に投資してください。

次の章で紹介するイーファウンダーズ（eFounders）は、これまで8つの企業を抱えてきましたが、その多くは1000万ドル（1ドル100円換算で約10億円）超の資金を調達し、トップアクセラレーターのプログラムに参加して、世界的に拡大を続けています。同社は、ヨーロッパのスタートアップスタジオ界を勇気づける、ひときわ輝く星の一つです。

2016年で創立5周年を迎えたイーファウンダーズでは、傘下の企業の評価額がすべて合わせて1億2500万ドル（約125億円）に達し、月間の経常収益は150万ドル（約1億5000万円）を超えます。

また同社は、他のスタートアップスタジオの発展にも多大な貢献をしています。彼らのWebサイト（buildtogether.co）では、スタジオ関連の記事を集め、世界各地の160のスタートアップスタジオをリストアップして、そのデータベースを掲載しています。さらに、2カ月ごとにニュースレターを発行し、情報源の確かなスタジオニュースも発信しています。

次章では、そんなイーファウンダーズが自社の「ゲームプラン」について紹介し、同社のプラットフォームへの理解を深めるまたとない機会を提供してくれます。

七章

複数のスタートアップをうまく育てる方法論

ゲームプラン

寄稿者
ティボー・エルジエール
ポリーヌ・トルデール

この章を特に読んでほしい人たち

スタートアップスタジオ

起業家、起業志望者

大企業の人たち、大学関係者

スタートアップスタジオと、スタジオ傘下のポートフォリオ企業では何が違うのか？　スタートアップスタジオは、ポートフォリオ企業の厳密な価値よりなぜ高く評価されるのか？　答えは、スタジオの主な資産が、プラットフォームそのものだからです。

スタジオの価値はプラットフォームにある

イーファウンダーズのように繰り返しスタートアップを立ち上げているスタジオは、年月を経る中で、立ち上げのノウハウや、さまざまな分野の専門知識、スキルを蓄積します。こうした膨大な知識を活用するために、私たちは各プロジェクトが自由に使うことのできるプロセスと総合的な仕組みを設けています。スタートアップを創出するたびに再現できる経験を生み出すには、それが唯一の方法だと考えているからです。だからこそ、私たちのアプローチの中心にはプロセスがあります。プラットフォームが私たちの骨格となっているのです。とはいえ、それがすべてではありません。コアチームを形成している優秀なメンバーがいなければ、スタジオの存続はあり得ません。私たちは完璧な取り合わせで人材を募集し、採用することに、多くの時間と神経を使っています。このコアチームがなければ、私たちのプラットフォームは効率的なものとはならないでしょう。人こそが、基礎を支えているのです。

イーファウンダーズの目的は、独創的なアイデアから独立した企業を生み出すことです。プロジェクトを立ち上げると、私たちは立ち上げ初期を、「開始」「構築」「拡大」「成長」の4つの段階に分けます。

「開始」段階では、アイデアを見つけて検証したり、共同創業者を雇ったりします。この段階が終わると「構築」と「拡大」の段階に入り、この間、スタジオのコアチームは共同創業者と共にプロジェクトに直接的に関与します。通常、この段階は18カ月間続きます。

この期間の効率を最大化するために、私たちは後述するようなゲームプランを設けました。これは、1年半の間、月ごとに完了しなければならないプロセスを詳細に規定する網羅的なプランです。

企業が巣立ちの準備を整え、財政的にも運営的にも独立すると、創業者は自分のオフィスに少しずつ独自のチームと文化を形成していきます。これが「成長」段階です。

最初の3つの段階では、各プロセスはスタジオの専任チームと連携しながら遂行されます。私たちは、こうしたプロセスが力のあるスタートアップを築く最善の方法であり、他の仕組みよりも素早く事を進められると考えていますが、一方で、柔軟な姿勢を保ち、それぞれの企業の独自性を尊重することも心得ています。

では、私たちのゲームプランを詳しく見ていきましょう！

ゲームプラン：イーファウンダーズならではのやり方

1. 開始の段階

■アイディエーション

私たちのスタジオチームは専門分野が多岐にわたります。それぞれバックグラウンドが異なり、そのため、スタートアップのアイデアもさまざまです。

チームは、起業家、デザイナー、エンジニア、マーケター、プロダクトマネージャーなどで構成されています。こうした多様なチームメンバーでアイディエーションを行う際、プロセスを構築するためにやっているのは以下のことです。

・月に一度「アイディエーション・ブレックファスト」を開きます。そこでは全員がアイデアを提案できます。もちろんイーファウンダーズからも提案します。

・ツールに関しては、ニュースを見たり最新情報を収集したりするのにRSSリーダーのフィードリー（Feedly）を使っています。また、あるアイデアについて話し合う価値があると思えば、すぐにスラックに個別のチャンネルを作成します。

これで私たちは年間約20件の新しいアイデアの供給路を持つことができています。

■検証

あるアイデアに大きな可能性があると思えば、そのアイデアを検証プロセスにかけます。これが約2カ月間続きます。その間に私たちがするのは

・綿密な市場分析（セクター分析、競合分析）。

・技術分析（テクノロジーおよび概念実証）。

・商品づくり（プロトタイプ、モックアップ）…ごく基本的なＭＶＰを作り、身近なところでテストを開始します。

・ユーザーフィードバック…ネットワークは私たちのプラットフォームの非常に重要な部分であり、数多くの企業がＭＶＰのベータテストにたびたび参加し、意見や感想を聞かせてくれます。

こうした検証プロセスを経ることで、直感が当たっていたと確信したり、判断を覆したりすることができます。

また、私たちはこのプロセスを一つずつ進めるのと同時に、独自のネットワークを使ってアイデアを試したり、市場の動向を見守ったりしながら、距離を置く時間も取ります。検証は進行性のプロセスです。つまり、中断しない限りは、少しずつ手をかけ続けられるということです。

なお、このプロセスにはコアチームの全員が参加します。検証が終わると、通常は、年間20件のアイデアのうち、「構築」したい４つだけを残します。

とはいえ、アイデアにきっぱり見切りをつけてしまうことは滅多にありません。多くの場合、今はこのプロジェクトを進めないと決めるだけで、アイデアは頭の片隅にとどめておきます。つまり、そのアイデアについて話題にし、同じ分野のサース（SaaS）スタートアップに目を光らせておくということです。

■共同創業者を雇う

私たちが共同創業者として探しているのは「経営者」ではなく、並外れて有能で意欲的な起業家です。イーファウンダーズが目指すのは、それぞれのスタートアップが完全に独立することです。そのため共同創業者は、10億ドル（約1000億円）規模の会社を長期的に経営している自分の姿を思い描く必要があります。

ビジネス系および技術系の創業者は、アイデアを急成長する会社に変える責任があり、つまりはビジネスまたは技術のあらゆる側面で采配を振るわなければなりません。そして、早く共同創業者を採用するほど、その分、早く彼らがプロジェクトに責任を持つことになるのです。

共同創業者としてイーファウンダーズに加わるには、高い基準があります。

技術系創業者の理想的な候補者は、

・起業家であり、テクノロジーに情熱を持っていること（当然ながら！）。
・最初は1人で商品のすべてを構築することになるため、何でもこなせる開発者であり勉強家であること（Node.jsやAngularJSなどを使ったフロントエンド開発に加えて、MongoDBなどでバックエンド開発も行えること）。
・CTO（最高技術責任者）になれる、つまり技術チームをつくる人間力があり、プロジェクト管理や採用に精通していること。
などの点を見ます。一方、ビジネス系創業者のエントリー基準は、
・起業家であること。
・高い分析力があり、データ駆動型のアプローチを取ること。
・ソフトウェア商品開発とサースの市場に関心があること。

・利害関係者すべて（チーム、顧客、マスコミ、投資家など）を導き説得する能力があること。

・創業者は独立した役割であるため、常に要求された以上の働きをし、何でも自分から進んで動こうとすること。

・飲み込みが早く、問題を解決するのがうまく、ビジネス感覚に優れていること。

などの点を見ます。創業者の求人に対しては、毎月100人以上の応募があります。大変な数のため、私たちの仕事の大部分は求人関連に当てられているほどです。なにしろ応募者は、採用が決まる前にチームの全員と個別に会うことになっているからです。私たちが年間に選ぶ起業家は4人だけなので、そこはしっかりやらなければなりません。

2. 構築／拡大の段階

私たちの「ゲームプラン」には、戦略、管理、技術、クリエイティブ、商品、マーケティング、営業といった、種類の異なるプロセスがあります。プランは、「1カ月目」から「18カ月目」までに配された166のプロセスで構成されています。主な要素を紹介しましょう。

■構築：MVPをできるだけ早くパイロットユーザーに使ってもらう

・スケールしないことをする。
・商品を日常的に使うパイロットユーザー25人を探す。
・少しだけマーケティング施策を打つ。

・プロダクト・マーケット・フィットを確認し、会社を法人組織にする。

このプロセスは、通常9カ月続きます。活動内容はこんなイメージです。

戦略……主要ターゲットとするユーザーまたは顧客のイメージを明確にし（1カ月目）、戦略をキャッチコピーにした文書を作成し（2カ月目）、ブランド価値を定義し（3カ月目）、最初の価格プランを策定する（9カ月目）。

商品……初期のモックアップを評価・検討し（1カ月目）、ツールの選択とセットアップを行い（2カ月目）、MVPを開発し（3カ月目）、支払いとサブスクリプションの管理ツールをセットアップする（9カ月目）。

■拡大：ユーザー獲得チャネルを検証し、お金を払ってくれる顧客へ移行する

・スタジオが提供する手段（マーケティング、PR、営業担当者の採用）を使う。

・十分な月間経常収益を達成し、スケールする。

・スタジオの知識を共同創業チームに伝え、徐々に専任チームと文化を形成する。

このプロセスは、通常9カ月〜18カ月続きます。活動内容はこんなイメージです。

マーケティング……SEO（検索エンジン最適化）対策キーワードとHTMLのメタタグを選定および使用し（11カ月目）、フェイスブックやツイッターなどソーシャルメディアの広告戦略を決めて実行し（14カ月目）、コンバージョン最適化とA／Bテストを行い（16カ月目）、ファネル分析＝ユーザー導線における遷移率と離脱率を分析しながらユーザーインターフェースとユーザー体験を変更する（16カ月目）。

販売……顧客サポートチャネルとツールを決め（10カ月目）、最初の事業開発者を採用し（11カ月目）、簡易コールセンターアプリのエアコール（Aircall）のようなCRMツールを導入して顧客をサポートし（12カ月目）、アクティブな顧客に当初想定していた商品よりグレードの高い商品の購入を促す（14カ月目）。

私たちの日常業務：ルーティンプロセスとツール

日常業務を形成し、私たちをビジネスの構築と拡大に集中させ続けてくれるルーティンプロセスもまた、私たちのプラットフォームの一部です。ここでは、いくつかのルーティンプロセスを紹介します。

■サンデー・アジェンダ

各プロジェクトのCEOは、日曜の夜になると、その週の振り返りと翌週の予定を書いたメールをスタジオに送ります。この際、翌週の最優先事項は何か、そしてプロジェクトの主要な目標までどの程度距離があるのかを明確にしなければなりません。

これはCEOが日常業務から一歩離れるために、立ち止まって考える機会にもなります。というより、それが第一の目的です。制約が多いように思われるかもしれませんが、まさにこれが私たちの手法の重要な柱の一つとなっているのです。

■キックオフミーティング

毎週月曜の朝には、プロジェクトごとに30分のキックオフミーティングを開き、そこでチーム全体が当面の予定をおさらいします。このミーティングをすることで、プロジェクトがどこに向かっていて、今週は何をしなければならないかを、全員が理解していることを確認できます。また、メンバーにやる気を起こさせ、必要であれば問題に対処する絶好のタイミングにもなります。

■商品委員会

金曜の午後には、プロジェクトごとに1時間の商品委員会を開きます。商品に関してその週に行ったこと（改良、モックアップ作成など）や、翌週に予定されていることを話し合います。これは商品開発に関する議論や決定の場であって、戦略的に深く考えるためのものではありません。プロジェクトが9カ月目に入ると、商品委員会は30分に短縮され、残りの30分はマーケティング委員会になります。

■デモタイム

3カ月に一度、社内のデモタイムに丸1日が当てられます。各スタートアップのCEOとCTOがデモンストレーションを含めた20分の持ち時間で、スタジオとプロジェクトチームの前で自分たちの商品と今後1年間の計画をプレゼンします。デモタイムの1カ月後には、次の1カ月の達成目標を決め、それをオフィスに掲示します。到達すべき目標があると、チームは決意も集中力もいっそう強まります。

そして、これらのルーティンプロセスをスムーズに実行するために、各種ツールを活用しています。他の企業と同じで、私たちもマーケティングや営業、開発、デザインには多くのサース製品を使っていますが、日常業務に関しては、一部、特殊なツールも利用しています。

■トレロ

マーケティングと商品に関連した日常業務の管理にはトレロを利用します。金曜日の商品委員会では、このトレロのボード上でカードを作成したり動かしたりします。

私たちのトレロボードはすべて次のように構成されています（未処理／するべきこと／しているること／ステージング環境でのテスト／検証すべきこと／生産可能／今週完了したこと）。

■スラック

日常のコミュニケーション管理にはスラックを利用します。イーファウンダーズと社内プロジェクトで、チャンネルとルームを共有しています。もちろん、プロジェクトごと、タスクごとの専用チャンネルもあります。

■ザ・ブックス（TheBooks）とX計画

イーファウンダーズのプロセスは、私たちが新会社をつくるたびに過去の経験を再現できるように構成されています。とはいえ、チームは変わるわけで、次の世代のために、すべてのメンバーが知識や情報を頻繁に文書にしておくことが極めて重要になります。

そこで、私たちは社内ツールを開発しました。一つは「ザ・ブックス」というもの。これは、誰でもドキュメントを寄稿したり新たなブックを作成したりすることができ、マークダウン（Markdown）記法で簡単に作成できます。

もう一つのツールは、まだ名前をつけてはいませんが、すでに運用は始まっています。「ゲームプラン」のプロセスごとに概要をシート1枚に書き留めるというのがコンセプトです。

このX計画が私たちの知識基盤となり、イーファウンダーズでのスタートアップ創出法を教えてくれる宝の山となるでしょう。

例えば、シートには

・ギットハブ（GitHub）のコミットの方法
・デザインに関するコメントの仕方
・ソーシャルメディアキャンペーンのやり方
・セールストークのマスター法

などを書き込むのです。

■コンタクトX（Contact X）

コンタクトXは、広範囲におよぶネットワークを管理するために私たちが開発し、社内で使っている独自ツールです。すべてのプロジェクトメンバーは6000件の連絡先データベースにアクセスし、次の情報を得ることができます。

・パイロットユーザー
・新規採用者
・各分野の専門家

・ジャーナリストおよび投資家

それぞれの連絡先には、基本情報（メールアドレス、職業）の他に、イーファウンダーズのメンバーとの関係も明記されます。インパクトのある説明をつけるには、これが最善の方法だと私たちは考えています。

■ネットワーク

この「ネットワーク」とは、イーファウンダーズの友人やスタジオを離れた後のスタートアップチームをすべて集めるために、私たちが作成したスラックのコミュニティです。マーケティング、コンテンツ、人材募集、技術といったチャンネルが用意されています。また、ベータ版のテスター専用のネットワークもあります。これは連絡先リストで、例えばMVPをベータテストにかけたい時などに、ここからメンバーにメールを送信します。

専門分野が多岐にわたるコアチーム

イーファウンダーズというプラットフォームの基礎を支えているのはコアチームです。スタジオ内にあるチームは専門分野が多岐にわたります。プロジェクトをあらゆる面でサポートするために多様な人材を抱えているからで、職務の分担も非常に明確です。一例を挙げると、こんな役割になります。

■クリエイティブチーム

ユーザーインターフェースやユーザー体験の専門家であり、各商品の機能性と優れた美意識を結びつけてブランドアイデンティティを築きます。

■技術チーム

チームは何でもこなせる＝フルスタックでシニアなエンジニアと、フルスタックではないものの高度な開発力を有するジュニアなハッカーからなり、プロジェクトのインフラとなるシステムからフロントエンドとバックエンドまでをゼロから開発します。また、技術系創業者と共にＭＶＰから最終段階まで、商品の開発、発売、保守を行います。

■商品チーム

各商品のモックアップとコア機能に関する考察や、ＰＣ・スマートフォン・タブレットなど全デバイスにおけるナビゲーションの良しあしを判断・改善提案します。

■マーケティングチーム

担当分野は2つに分かれており、一つはスタジオとスタートアップの認知度を向上させるためのコンテンツマーケティングを行います。

もう一つは、ユーザー獲得に向けたリードジェネレーション（見込み客の発掘や獲得）、有機的なマーケティング（SEO対策、インバウンドなど）、有料のマーケティング施策などに取り組むグロースハックのチームです。

■営業チーム

各スタートアップのCEOとこのチームのメンバーは、パイロットユーザーからお金を払ってくれる初期ユーザーの獲得までを協力して行いながら、事業開発を担当します。

■管理チーム

共同創業者は管理業務のサポートを受けることができます。その際、契約、経理、商標登録、法人化などを、このチームが手助けするのです。

このようなチーム編成によって、私たちはスタートアップの創出、構築、スケールを、他のどんな組織よりも迅速に行うことができます。

つまり、専門分野が多岐にわたるチームのおかげで、外部の助けなしに、内部のリソースだけを使って、166ものプロセスを実施することができるのです。

このリソースを、私たちは「人的資本」と呼んでいます。

「サース・クラブ（SaaS Club）」と「ビルド・トゥゲザー（Build Together）」

イーファウンダーズを最もよく言い表す2つの言葉があります。「スタートアップスタジオ」と「サース」です。そこで私たちは、これを中心とした2つのコミュニティをつくりました。

■サース・クラブ

これは週1回発行のニュースレターです。あまり目立たないサースの商品と、その週の選り抜きのサース関連記事を特集しています。近々、Ｗｅｂサイトとしても公開する予定で、コンテンツのデータベース以上のものを集める予定なので、お楽しみに！

■ビルド・トゥゲザー

こちらは2カ月に1回、発行しているニュースレターです。各地のスタートアップスタジオの活動や、スタジオが立ち上げたり投資したりしたスタートアップ、スタジオモデルをうまく回すためのノウハウを取り上げています。

こちらはすでにＷｅｂサイトがあり、世界中の全スタートアップスタジオのデータベース（すでに１５０以上のスタジオのデータを集めています）と、リソース（主に私たちのニュースレターで特集したすべての記事）を見ることができます。

スタートアップの独立「成長の段階」

傘下のスタートアップが、18カ月後には運営上、１００％独立することがイーファウンダーズの方針です。例えば、最近は先述したエアコールがまさにその「独立」を果たそうとしています。

この時点で、プロジェクトは「成長」の段階に入ります。スタジオが立派に仕事をしていれば、私たちが習慣化しているプロセスや文化はプロジェクトの専任チームにも受け継がれることでしょう。

実際、ほとんどのスタートアップが、私たちのスタジオを離れた後もキックオフミーティングと商品委員会を続けています。

とはいえ、私たちは、それぞれのプロジェクトが少しずつ独自のＤＮＡと文化を築いていくことが非常に重要だろうと考えています。

我々の結論

イーファウンダーズのプラットフォームは、スタートアップの創造性と敏捷性を高めるものです。「どうやるか」を考えるのではなく、「何をするか」を考えることが、時間という資源の最も素晴らしい使い方だと私たちは考えています。こうしたプロセスが日々の働き方に深く根ざしていれば、スタートアップをより良く、より素早く、より大きく構築することが可能になります。

それを最もよく証明してくれているのが、私たちの経験を基に育っていった企業です。メールマーケティングサービスのメールジェット（Mailjet）と、翻訳や文書作成・校閲のクラウドソーシングサービスであるテキストマスター（TextMaster）は、私たちのスタジオと同じ年に設立され、２０１５年にそれぞれ１１００万ドル（約11億円）と５００万ドル（約5億円）の資金調達をしました。また、２０１２年設立でモニタリングツールを提供しているメンション（Mention）は、ユーザー数がすでに50万にのぼっています。メール管理ソリューションツールのフロント・アップ（Front App）は２０１６年5月に錚々たる投資家（ソーシャル・キャピタルや、スラック、インターコムのＣＥＯのようなエンジェル投資家）から１０００万ドル（約10億円）を資金調達し、エアコールは２０１６年1月、バルダートン・キャピタル（Balderton Capital）から２７５万ドル（約2億７５００万円）を調達しています。

また、２０１６年にはハイヴィー（Hivyapp）、スペンデスク（Spendesk）、フォレスト（ForestAdmin.com）、イラストリオ（illustrio）の４つのプロジェクトが発表されました。２０１７年には４つのプロジェクトが進行中で、さらに４つの新たなプロジェクトも控えています。

皆さんのスタートアップスタジオやネットワークづくりに、私たちの「ゲームプラン」が活用できることを願っています。

イーファウンダーズのような非常に洗練されたスタジオ運営を知って、こう思った読者は少なくないでしょう。スタートアップスタジオに限界はないのか? 大きく成長するスタートアップを毎年少なくとも12社創出できる組織を自分もつくれるだろうか? しかもこれを、サンフランシスコのように最も発展したスタートアップ・エコシステムから遠く離れた地でも、実現することは可能なのか? と。

２０１５年の初頭、私たちは中欧のハンガリーで、ソフトウェア開発兼オンラインマーケティングの会社をスタートアップスタジオに転換し始めました。「スタートアップをダース単位でつくろう!」が、私たちドルッカ・スタートアップスタジオ（Drukka Startup Studio）の掲げた合言葉です。その年、11のプロジェクトを開始し、現在、そのうちの5つがシード投資を獲得して独立しています。そして私たちは、すでに「次なる1ダース」を温めているところです。

とはいえ、この成長を維持するには、限界を押し広げる必要がありました。一歩進むごとに、新たな課題に直面し続けているのですから。

八章

限界を押し広げる

著者自らが経験したスタジオ発展のプロセス

この章を特に読んでほしい人たち

スタートアップスタジオ

投資家

この物語は、ドルッカ・スタートアップスタジオの創業者であるシリアルアントレプレナーのタマーシュ・ボーナーが、２０００年代後半にエンジェル投資に手を出したところから始まりました。

投資の一部はうまくいき、いくつかの企業はトップクラスのアクセラレーターから出資を受けるに至りました。ところが、その後どうなったかといえば、投資を行ってからというもの、チームが彼のアドバイスに耳を貸さなくなり、お金が無駄に使われ、スタートアップが失敗するのをただ傍観するより他なかったのです。

ボーナーは、私たちの未来をが一変するような、革新的な新ビジネスの立ち上げにもっと積極的に参加したいと考えました。その第一歩として、２０１１年、エンジニアとマーケッターを集めてチームの編成に取りかかり、それがドルッカ・マーケティング（現在のドルッカ・スタートアップスタジオ）となったのです。

目指したのは、しっかりとしたチームをつくってキャッシュフローを生み出すこと。そうすれば、後々これをイノベーション・エンジンに変える方法を考えられるからです。

２０１５年の初頭に私たちが会った頃、ドルッカはすでに15人ほどのスタッフと、強固な顧客基盤、さらに独自の実験用ビットコイン商品――社内で生まれた初めてのスタートアップ的なプロジェクト――をいくつか抱えていました。

当時の私は、初めてのスタートアップに失敗したばかりでした。それでもすぐに立ち直り、次のスタートアップを設立するつもりでいましたが、もっと賢いやり方を見つけたいと思っていました。共同創業者として、成功するわずかな可能性のために、すべてを犠牲にする必要のないやり方を。

基盤をつくる

私たちはベータワークス（Betaworks）とロケット・インターネット（Rocket Internet）の例を見て、彼らにできるなら自分たちにもスタジオの運営ができるはずだと語り合いました。そしてドルッカを、「ダース単位でスタートアップを生み出すことのできる組織」に変え、ベルリン～モスクワ間で最大の、最も成長力の高いスタートアップビルダーにしたいと考えました。

ただ、まずはその方法を見つけ出さなければなりませんでした。

ボーナーはスタートアップのアイデア集めや、共同出資してくれそうな相手へのアプローチを開始し、一方の私は社内の新プロジェクトにリーダーとして加わりました。それと同時に、スタートアップスタジオの世界について研究を始めました。

そうして2015年7月には、羽ばたくのを待つばかりのアイデアが1ダースほどになりました。後はプロジェクトの責任者となり、共同創業者やCEOを務めてくれる人を集めるだけです。

幸い、ブダペストのような発展途上のスタートアップ・エコシステムにも、若くて有能でやる気に満ちた起業家は大勢います。そして私たちは、そうした人たちの中から、すぐにチームに参加し、新しいスタートアップ創出方法の先駆けになろうという最初の数人を見つけることができました。

この「数人」というのは、すでにスタートアップやライフスタイルビジネス（訳注：創業者が自分のライフスタイルの維持を優先し、興味のあることや好きなことをビジネスにして一定以上の利益を求めないスタイル）の立ち上げに挑戦したことのある若き起業家のことです。彼らは、何から何まですべてをこなさなければならない大変さを味わっていました。だから、新しいコンセプト、つまりビジネスの基礎を築く部分で時間を無駄にするのではなく、実務面に集中することのできるコンセプトを試すことに乗り気だったのです。

ただし、地元の投資家たちと初交渉を行ったところ、私たちが（短期的には）外部の投資家をあてにできないのは明らかでした。そこでボーナーが、ドルッカが持っていた人材と財源について、どこまでを私たちの実験に使えるかを決めてくれました。その額およそ10万ユーロ（1ユーロ130円換算で約1300万円）。それで1年間助走を続け、12～15件くらいの〝実験〟ができるだろうというのが私たちの見通しでした。

何をするにしても、極めて効率良くやらなければ、うまくいくものもうまくいきません。スタートアップの各プロジェクトにかけられる資金は、約1万～2万米ドル（1ドル100円換算で約100～200万円）。その資金を使い切った後は、プロジェクトを打ち切るか、さらに進めるかを決断しなければなりません。そのため、最も現実的な選択肢は、商品開発で会社のお金を使い切らずに済むような、比較的手軽なスペースで実験を開始することでした。

もともとドルッカにはB2C分野におけるマーケティング・キャンペーンの専門知識があり、加えてWebとモバイル用アプリの強力な開発チームもあったことから、シェアリングエコノミー（共有経済）型の6つのスタートアップを開始することにしました。

この6つのうちの一部は、模倣のアイデアでした。おかげで、欧米市場で有効性が証明されているコンセプトを採用するだけで、実験のリスクをさらに減らすことができました。

スタートアップ処方箋バージョン1・0

最初に手がけた実験の中には、家庭向けの掃除・洗濯・アイロンがけサービスのプラットフォーム、適切な弁護士探し、オフィス管理アプリ、ビットコイン決済ゲートウェイ、テレビ番組連動のセカンドスクリーンアプリの他、今では思い出せないものもありました。私たちは人員をまとめて一つのコアチームをつくりました。開発、デザイン、マーケティング、事務管理を支援するチームです。そして、スタートアップ・プロジェクトのCEOを務めるに足る経験を持ち合わせた人材を募りました。

最初の処方箋はごくシンプルなものでした。数時間で市場調査を行い、アイデアが妥当だと思ったらすぐに機能的なMVPを作り、トラクションの獲得を目指して積極的に進む。トラクションが得られれば、事業計画を立てて投資家への売り込みを開始し、成長過程のスタートアップがドルッカから独立するためのシードマネーを素早く見つけ、後は自力で急成長するという構想でした。

いくつかのケースでは、この手法が魔法のようにうまくいきました。例えば中欧の家庭用清掃サービスのポータルで、ドルッカで初めてのシェアリングエコノミー企業であるレンディ（Rendi）は、2015年7月末にアイデアを練り、同年の8月中旬には最初の収益を上げるに至りました。

一方、最初の商品が機能的であっても、市場かタイミングの部分を間違えたために行き詰まってしまったケースもあります。そうしたプロジェクトを手放すのは難しいことではありませんでしたが、つぎ込んだお金が無駄になるのを見るのはつらいものでした。

また私たちは、6〜7社程度のスタートアップを常に同時進行で支援していましたが、プロジェクトにはそれぞれ専任のCEOがいたため、スタジオの経営陣は比較的気楽でした。私たちは、CEOが決断を行うたびにいちいち干渉するのではなく、彼らのガイド役になりたいと思っていました。ただ一方で、事業を拡大したければ、ポートフォリオの管理法を変える必要が生じるだろうとも感じていました。

従来の投資家が、小規模な投資案件を扱いたがらないのには理由があります。小さなアーリーステージのスタートアップを運営する労力は、成功して成長中のスタートアップを運営する労力とほとんど変わりません。それでも私たちは「スタートアップの漏斗（ろうと）」を満たすスタジオになりたかったのです。そしてそれは、小さな賭けを同時にいくつもこなす方法を学ぶことを意味しました。

氷を砕く

スタートアップの増産にかかる前に、まずは資金調達の糸口を見つける必要がありました。最初のトラクションを獲得していたスタートアップが3つか4つほどあったので、私たちは「ほら、見ての通り同時に複数のビジネスを立ち上げられますよ」と示すために、再び投資家の下に足を運び始めました。

スタジオモデルに対する信頼や理解を得るのは、根気のいる長期戦でした。投資家の最大の関心はもっぱら資本政策表でした。「スタートアップのCEOや専任チームのやる気は大丈夫なのか?」と、不安視されたのです。「このビジネスモデルにふさわしい態度の起業家をちゃんと雇った」と説明しても、十分ではありませんでした。スタートアップの成功のために、スタジオとして何でもするつもりだと言っても足りません。彼らにはトラクション、それも、もっと長期にわたる安定した成長を示す必要があったのです。

最初の契約がまとまるまでには、2016年のはじめまで待たなければなりませんでした。そんな大望がかなう前の2015年、私たちはあるスタートアップに共同創業者として参加しました。そのスタートアップ、ケパルハズ（Keparuhaz）は、特注の壁掛け絵画や写真の

eコマースサイトで、ハンガリーでは脅威の成長を遂げていました。ただし、新市場への参入とIR（インベスター・リレーションズ）の対応に課題を抱えていました。そこでドルッカが参加することになったわけで、株の持分はわずかながら、私たちはケパルハズをわが子のように感じていました。

我々スタジオ側の仕事は、世界的な成長戦略を立て、それを実行するための資金を調達することでした。2カ月後、私たちは彼らのために45万米ドル（約4500万円）の契約をまとめました。

その数カ月後には、スタジオ初のスタートアップとなったレンディが17万米ドル（約1700万円）のシード投資を得ました。そしてさらにニートリー（Neatly）、ティケシング・ドットコム（Tickething.com）、イージーエクスプレス（EzExpress）の3社が、無事にシードラウンドを終えました。そうしてようやく私たちは、「このモデルは成功です！」と言うことができたのです。

ドルッカは当初の資本のほとんどを使い切って、12件のプロジェクトを開始し、そのほぼ半分を持続的な成長エンジンのある状態に持っていくことができました。

そして、シード投資とスピンオフを終えた後も、私たちはスタートアップに積極的に参加し続けました。そうすることで、彼らがボーナーとドルッカのネットワークや専門知識を活用できるからです。

とはいえ、それはまだ私たちが砕かなければならない氷の「第一の層」でしかありませんでした。今の課題は、個人投資家にも働きかけられるように、トラクションをさらに高めることです。

それは簡単なことではありません。ハンガリーでは、まだエンジェル投資の文化が十分に発達していないからです。投資に回すことのできる流動資本を持った個人投資家は、スタートアップスタジオに投資するのに不安を感じています。

理由の一つとして、ブラックボックスに自分のお金を投じるように感じているのかもしれません。もちろん、よく見れば、そうではないとわかるはずです。アーリーステージのごく初期のスタートアップを抱えるスタジオのポートフォリオに投資すれば、確固とした方法論で創出されるいくつものスタートアップに、少額から投資することができるからです。つまり、小さな賭けをいくつもすることができ、その中のいくつかは急成長するスタートアップに育つのです。

ちなみに、私たちが今実験しているのは、ドルッカと外部の投資家が共同出資したステューディオワン（Studio 1）という新たなプレ・シード投資ファンドです。基本的な考えとしては、このファンドが新しいアイデアに2万～4万米ドル（約200～400万円）を投資し、その他のリソースはすべてドルッカが提供するというもの。これは、経費を最小限に抑えれば、目標金額100万米ドル（約1億円）で30〜40の新しいスタートアップを創出できるということです。

このファンドは、投資先となるスタートアップの株式を65〜75％保有することになります。これを投資家にとって十分魅力的で安全なものにするには、さらに新たなステップを踏む必要があります。この投資モデルが有効かどうかを判断するのは時期尚早でしょう。それでも、投資に回せる流動資産を持ち、スタートアップ投資のポートフォリオの組み方を知りたがっている人が何千人もいる可能性があるわけですから、私たちは楽観しています。

ギアチェンジ

しかし、この計画がうまくいった場合、私たちはまた別の課題を抱えることになります。ほとんどのスタートアップスタジオは、新たなスタートアップを年に2つか3つ立ち上げるだけで満足しています。その程度なら、スタジオの創業者がそれぞれの新会社の実務にまで口を出すことができます。ところがこの数字を超えると、事は一気に複雑になるのです。当然、コストもかさんでいきます。

そんな状況下で、年間1ダースのスタートアップを生み出すという目標を達成するには、どうしたらいいのでしょう？

現在、私たちの下には、スピンオフした会社が5社と、12を超える新しいスタートアップがあります。そして私たちは、スタジオの管理能力が、このポートフォリオの中ですでにパンク寸前になっていると感じています。事業拡大のためにはまず、スタジオとして抱えるスタートアップをテーマごとにまとめていくことになるでしょう。

2015年は、シェアリングエコノミーの領域を開拓する1年でした。今後は、仮想現実（VR）と拡張現実（AR）の産業に照準を合わせるつもりです。プロジェクトを産業ごと、あるいは市場ごとにまとめ、関連するスタートアップのCEOとの合同勉強会や経営会議を持つことで、経営効率を高めることができるのです。

また別の課題として、初期の検証コストを最小限に抑えなければなりません。2015年は、見当違いのプロジェクトのプロトタイプ開発にあまりにも労力を割いてしまいました。そのため、2016年はアプローチを変えました。

スタートアップを始めたい時には、まず新しいCEO兼共同創業者を雇い、一緒に3つ～5つのアイデアを出します。その後、CEOはそのすべてを持ち帰り、最小限の検証を行うのです。ここでは商品は作らず、意見を出すのみです。

それと並行して、スタジオ側は投資家のネットワークにコンセプトを示し、「プロジェクトが動き出したら投資に関心はあるか？」と聞いて回ります。

この過程で3つ〜5つあったアイデアのほとんどはボツとなりますが、たいてい一つは残って、私たちが市場と投資家の両面をチェックできる段階となります。そうなれば、チーム構築のプロセスが始まります。

その間にも、最初にシード資金を調達した企業は第二次資金調達に臨む準備を進めていきます。私たちは費用対効果とリスク緩和を中心にスタートアップの構築プロセスを最適化したので、とてつもない株式評価の上昇が見込めます。

スピンオフした企業はシードステージ（多くは開始から12カ月以内）で評価額が平均13倍に上昇し、シリーズAの資金調達の話し合いの中でさらに6〜8倍になりました。市場の動向とビジネスロジックを把握し、顧客獲得コストよりも顧客生涯価値（訳注：1人の顧客が企業に対して現在および将来にわたってもたらす価値の総計）の方がずっと高くなったら、いよいよ成長ロケットに点火する準備を進めます。

そしてその間にも、ドルッカは1ダース単位でスタートアップを創出し続けるのです。

世界中の大企業や準大手クラスの企業は、自社のイノベーションゲーム（訳注：起業家と投資家に分かれて行うカードゲームのようなもので、楽しみながら画期的なアイデアを得ようとする手法）にさらに力を入れようと努めています。

もしあなたがそうした企業のリーダーなら、どのようにして力を入れますか？最高の人材を獲得してつなぎとめておくために、あなたなら何をするでしょう？競合他社より先を行くために、新しい商品やビジネスモデルをどう構築するでしょう？

最近では、大企業が出資するスタートアップスタジオがますます増えています。スタジオモデルを使うことで、既存の価値を破壊する新商品を素早く作って躍進を遂げるための「イノベーション・ガレージ」を手軽に始めることができるからです。

次章では、その仕組みを見ていきましょう。

九章

増加するコーポレート・スタートアップスタジオ

大企業とスタジオのより良い関係

この章を特に読んでほしい人たち

スタートアップスタジオ

大企業の人たち、大学関係者

大手企業が自社の商品やサービス、ビジネスモデルが時代遅れにならないようにと四苦八苦している一方で、スタートアップは世界を席巻しつつあります。なにしろ、テクノロジーに強いミレニアル世代が必死になって、商品開発に取り組んでいるのです。この世代は9時～5時までの普通の仕事を捨て、リスクはあっても高い可能性を持ったアイデアに取り組むことを選び始めています。そして、職場の文化と構造にも、大きな変化が生じています。

このことが、企業の意思決定システムや業績評価、はてはオフィスライフの構築の仕方にまで影響をおよぼしています。

結局のところ、今の時代のワークスタイルは、以前よりオープンで非一極集中化しているのです。よりスタートアップ的になっているともいえるでしょう。

では、大企業が抱える課題の解決策は、スタートアップのようになることなのでしょうか？ これまでも大企業が徹底した組織再編を図り、イノベーションの余地を広げた例は見てきました。大企業によるスタートアップの獲得や投資、創出はますます増え続けています。彼らのチャレンジは本気です。そして、イノベーションゲームを強化するためのいくつかの方法を進んで試そうとしています。

ラリー・ペイジがグーグルを組織再編してアルファベット（Alphabet）につくり替えると発表した時、世界は驚き、興味をそそられました。

この新組織は、ビジネス領域を細かく区切っているグーグルにおける「ポートフォリオの持株会社」です。そしてこの再編は、ブランド再構築の域をはるかに超えていました。この転換によって、それぞれのビジネスユニットは、従来の硬直した企業の支配関係に縛られることなく、より柔軟に、より集中してイノベーション創出のスピードを上げることができます。また、ビジネスユニットがそれぞれ自律的に判断を下せるので、事業の拡大も容易になります。

さらに、あの恐ろしいイノベーションのジレンマ（訳注：あるイノベーションを生んだ大企業が、その技術や商品に縛られて次世代のイノベーターに太刀打ちできなくなるという企業経営の理論）をスタートアップの手法で解決しようとしている大企業は、グーグルだけではありません。この章を読み進めれば、本書のテーマであるスタートアップスタジオモデルが、そうした挑戦への理想的な解決法になるかもしれないと気づくのではないでしょうか。

傷ついたレコード

グーグルがアルファベットを設立した理由として一つ考えらえるのは、従来の企業が取っていたイノベーション創出のプロセスが破綻しているということです。ほとんどの大企業は、ことイノベーション創出のスピードと効率においては、スタートアップに太刀打ちできません。多くの大企業がスタートアップの手法を取り入れようとしていますし、リーン思考やデザイン思考をお題目のように唱えているのも聞こえてきます。

しかし多くの場合、問題は手法ではなく、常識を覆すようなアイデアが開花するのを許さない企業文化の方なのです。

現在の大企業の組織構造やイノベーション戦略では、スタートアップが生み出すイノベーションのペースにはついていけません。小さくて敏捷な新興プレーヤーが、動きの鈍い大企業を打ち負かしているケースが、あちらこちらの市場でますます目につくようになっています。フィンテックやIoTの現状、またインダストリアル・インターネットとインダストリー4・0をめぐる話題を見れば、大企業が動きの速いスタートアップに脅かされていることがすぐにわかります。

従来の組織構造の企業では、意味のあるイノベーションを十分なスピードで生み出すことが極めて困難です。理由の一つに、通常、大企業は新しい状況に順応して自らを変えるのが得意ではないという点があるでしょう。業務プロセスを効率的に処理するように最適化した組織運営や、四半期ごとに株主の期待に応えることを得意としているためです。そしてこの得意分野をこなすには「規則」がつきもので、それが、真のスタートアップ精神の下でのイノベーションを困難なものにしているのです。

常識を覆すようなイノベーションを生み出したければ、そしてそこにスピードを求めるなら、柔軟性と実験する態度を支える環境が必要になります。この状況は、スタートアップの中では簡単につくり出すことができるものの、大企業ではそうはいきません。

スタートアップは、最善ではないものを破壊し、もっと良くするために生み出されます。他方で大企業は、安定した経営を行い、株主の期待に応えるために最適化されています。効率的な運営を可能にするのと同じ要因が、企業のイノベーションの試みを阻害しているのかもしれないのです。

スタートアップは「素早く行動し、破壊せよ（訳注：フェイスブック社のCEOマーク・ザッカーバーグの言葉であり、同社のモットー）」のスローガンを実践できます。ところが大企業では、プロジェクトの失敗は昇進の妨げを意味することが多く、そんな行動に出る者は誰であれ、キャリアを棒に振ることになりかねません。そして、大企業の厳しい方針や文化に従うことで、常識を覆すアイデアを思いついたり、実行したりするのに苦労するようになるのです。これは組織の中に緊張を生みます。とりわけ、ふんだんな創造力を持つ人にとってはなおさらです。

彼らは、その力を組織の中で発揮することができていません。組織文化とシステムが、それを許さないからです。

これは中間管理職にとっては特につらい状況です。彼らは上からも下からもプレッシャーを受けて、板挟みになることも珍しくありません。多くの場合、何十年もかけて徐々に出世の階段を昇りながら、やがて身動きが取れなくなるのです。

しかも、何かしらの失敗をすると、たくさんのものを失ってしまいます。だから大企業のミドルリーダーたちは、前にも後ろにも進めないのです。そして、失敗のリスクや不安が、常識を覆すイノベーションとは正反対の行動を助長してしまいます。

でも、こうしたリーダーや彼ら・彼女らのチームには、とてつもない可能性が秘められています。その潜在的な可能性を解き放つには、彼らが安心して実験できるようにしなければなりません。そうすれば彼らは力を伸ばしていけるのです。

出口を探す

研究開発（R&D）部門は、昨今のめまぐるしい環境変化の中では特に、人工知能やナノテクノロジー、3Dプリンティングといった指数関数的に増すテクノロジーの進化スピードについていけないことが少なくありません。そんな中、大企業内のイノベーションチームは、ベンチャーキャピタル（VC）から資金を得たスタートアップが象徴するような「世界に分散したイノベーションの潜在力」にどうすればついていけるのでしょう？

大企業のイノベーションの未来は、スタートアップやそのエコシステムと直接つながることで広がっていきます。大企業はこうしたスタートアップ、いわゆるガレージカンパニーと連携する道を探さなければなりません。もしこれに失敗すれば、ビジネスモデルも市場シェアも、急速に失う危険性があります。

解決策の一つは、〝小さな魚〟を食べることです。それも大量の小さな魚を。動きの速いスタートアップに飢えている、貪欲な企業はたくさんあります。この飢えをやわらげるためには、自分のバケツに隙間をつくる、つまり伸び盛りのスタートアップを買収することも厭いません。

ところが、そうした買収の長期的な成功率を見れば、必ずしも良いことだらけともいえないのが現状です。買収した会社を企業が組織にうまく統合できないケースが多いことに、ますます多くの人が気づくようになっています。買収に費やす費用のほとんどが無駄になるということです。

中には、いわゆる「コーポレート・イノベーション・センター」でこの問題を解決しようとする企業もあります。社内の（多くは別のビルに）新しい部署をつくり、そこで従業員がイノベーション・プロジェクトに取り組むというものです。シリコンバレーやサンフランシスコのベイエリアのような、世界的なイノベーションの中心地を車で走れば、そうしたセンターがいくらでも目に留まります。

イノベーション・センターは、大企業とスタートアップをその地区の大学と密接に結びつけておくのにも好都合です。おかげで大企業は新しい人材を探したり、テクノロジーの動向を肌で感じたり、新たなライバルに目を配ることができます。また、こうしたセンターは威信を示すシンボルであり、市場での存在感を強めるための前哨基地の役割も果たします。

これは良いことずくめのように聞こえるかもしれませんが、残念ながら、イノベーションのジレンマが必ずしも解決できるとは限りません。こうしたイノベーション・センターでさえ、通常の企業文化や会社の方針、規則からは逃れることができないからです。それに、従業員を、ただ別の組織単位やビルに入れるだけで、常識を覆すのに必要な姿勢やハッカー精神のようなマインドが身につくとは限りません。

もう一つの解決策は、スタートアップに投資する従来のコーポレート・ベンチャーキャピタル（CVC）です。

これがどの程度機能するかは、CVC部門の綱領と構造、またスタートアップの成熟度と買収への準備態勢にかかっています。

CVCはVC業界の他の企業と同じように稼がなければならないのでしょうか？　それが一番の目的なのでしょうか？　例えばネットワーク機器大手のシスコ（Cisco）は、イノベーションの重要分野に参加し、スタートアップへの資金と人員の提供、スタートアップのスピンオフと買収で大成功を収めてきました。

ただしこれが機能するのは、CVCの役割と、構成するスタートアップのポートフォリオが、親会社の他部門とシナジーを持つ場合に限られます。ここで障害となるのは、昔ながらのやり方で立ち上げられたスタートアップは、ほとんどが理想的な買収ターゲットとなるようにはできていないことです。

最近では、フィンテックのような一部の市場で、テーマ別にアクセラレーターを始めるため、大手金融機関が世界的なアクセラレーターと手を組む動きが目につきます。例えばアメリカのテックスターズ（Techstars）は、バークレイズ銀行（Barclays）と提携しています。

そして現在両社は、ビールの「消費経験」を向上させる取り組みを行っているスタートアップの成長を加速させるために、世界最大のビール会社と共同でプログラムも始めています。

このように、大企業とスタートアップの世界を隔てるはっきりとした境界線が消滅しつつあるのは明らかです。それでも、大企業が持ち出してくる「文化」「姿勢」「硬直した構造」といったお荷物には、気をつけなければなりません。

他には、オープンイノベーションという手もあります。これは、複数の大企業が手を組み、知識の流入と流出の両方を利用する方法です。つまり、組織内外のアイデアと販路を活用するのです。

この方法は、プラスの面に目をやれば、研究開発費を減らし、企業のイノベーション力を高める可能性があります。一方で課題は、外部のアイデアを適切に取り込むのが難しく、複雑さが増して企業のコア競争力を失ってしまうことです。また、この選択肢を取った場合も、従業員の考え方や選択肢を縛りかねない「企業文化」という重荷はなおも残ります。

ハリウッドを手本にすることが出口になるかもしれない

さて、こうなると、本書のテーマであるスタートアップスタジオのモデルが、こうした課題のほとんどへの答えになるかもしれないことが見えてきます。スタートアップを持続的に増産する組織はどうしたらつくれるのか？　については、すでに数々の事例を見てきました。

これは、ハリウッドの映画撮影スタジオが内外のリソースを使いながら同時進行で複数の映画を製作するのとよく似ています。ハリウッドのスタジオシステムでは、映画の「製作」と「配給」は別の会社が担います。製作の多くは、長期契約を結んだクリエイティブスタッフを置く撮影スタジオが主導し、自分たちの撮影所で行っています。一方、このモデルでは資金面やプロモーションの面で、配給会社にも主導権が残されています。

このようなやり方は、大企業にとって最善の出口になるかもしれません。別組織として自社のスタートアップスタジオを設立し、株式の持分による支配権を活用するのです。

ピーター・ドラッカーは1985年に出版した著書『イノベーションと起業家精神』（ダイヤモンド社、上田惇生訳）の中で、このモデルを採用したプロクター・アンド・ギャンブル（Procter & Gamble）やスリーエム（3M）、ジョンソン・エンド・ジョンソン（Johnson & Johnson）などの大企業に一章を割いて触れています。これらの企業は新しい製品ラインを立ち上げる時、必ず別会社で始めていました。そして調査から販売まで、事業全体に責任を負うプロジェクトマネージャーを選任しています。

つまりこのモデルは、大企業の世界でも目新しいものではなく、今まで広まらなかったにすぎないということです。スタートアップスタジオが世界的に急増するにしたがって、このモデルが大企業におけるイノベーション創出の課題をどのように解決してくれるのかが、ますます容易に想像できるようになっています。

さて、自分が大企業を経営して、市場で大きなシェアを持ち、広く存在を知られて、専門知識と財源を手にしていると想像してみましょう。そして、スタートアップスタジオという全く新しい事業体を立ち上げるとします。

従業員の何人かは、そちらのスタジオに移します。特定の企業文化の中では問題児扱いされるようなハッカーたちです。さらに外部からも人材を、例えば起業家を迎え入れます。これをすべて、イノベーションを台無しにしがちな親会社の制約を取っ払って行います。

そして彼らに何十、何百ものアイデアを出してもらい、スタートアップを立ち上げさせます。彼らが独自の文化を生み出すのはかまいません。それに、こちらからの日常的なコントロールも手放していいでしょう。

すると、この新しい「企業内企業」によって生まれたスタートアップの一部が、やがて成功し、親会社であるあなたの会社は、そのスタートアップを本体に簡単に組み入れることができるというわけです。大企業が自前のスタジオを設立してそこに投資するのは、実に理にかなっているのです。スタートアップを支援する資金も、業界の知識も、営業上必要になるネットワークもあるのですから。しかもスタートアップスタジオを設立するのに必要な資金は、（非常にスローペースの）イノベーションの内部コストと比べれば、わずかなものかもしれません。

今、保険大手のアクサ（ＡＸＡ）がしているのは、まさにこれです。２０１５年、アクサはフランスに自社のスタートアップスタジオを設立すると発表し、この新たな試みに1億ユーロ（1ユーロ１３０円換算で約１３０億円）を投じました。キャメット（Kamet）と呼ばれるこの新組織は、親会社から独立して機能しています。

チームを形成するのは従業員、起業家、フィンテックと保険テックの専門家です。キャメットがたくさんのスタートアップを創出し、親会社は自分たちの事業に合致すると考えれば、そのスタートアップを買い取ります。

２０１６年のはじめ、自動車メーカーのジャガー・ランドローバー（Jaguar Land Rover）も、モビリティアプリや関連サービスの構築を担う独立したカンパニービルダーを創設すると発表しました。この新スタジオは社内の独立組織のようなもので、スタートアップの創出と輩出を任されています。

つまり、基本的に大企業は、イノベーションを外部委託していることになります。そして、スタジオで生まれたスタートアップが新規のアイデアに価値があることを証明できたら（かつ、事業運営に関連する主なリスクをすべて解決したと確信できれば）、そのスタートアップを買うのです。これで、主力ブランドは守られた状態でイノベーションを生み出せます。万が一何かまずいことが起きても、スタートアップは親会社からは隔たりがあるため、大企業は簡単に対処することができます。手放すか、取り組みを中止すればいいのです。

この間も、コーポレート・スタートアップスタジオは、イノベーション創出のプラットフォームとして連続的にスタートアップを生み続けます。その結果、運営元である大企業は、いつでも買収できる状態で、文化的・技術的にも組み込みやすいスタートアップをいくつも見いだすことができるのです。

コーポレート・スタートアップスタジオのもう一つの利点は、優秀な人材をとどめておく勝算があることです。つい最近、グーグルはサンフランシスコに専用スペースを持つ社内インキュベーター、エリア１２０（Area 120）を立ち上げました。目的は、従業員に自分の会社をグーグル帝国の一部として立ち上げる機会を与えることです。

また、同じく重要なのが、従業員の１人が大きなアイデアを持って退職し、独立したスタートアップを立ち上げたとしても、エリア１２０が存在することで、インターネットの巨人であるグーグルはそのアイデアを逃さずに済むことです。元従業員はそのアイデアを持って数カ月間エリア１２０に参加することができ、出資を受けることになるからです。

このエリア120に、アルファベットという組織の柔軟性と、従来のVC部門（グーグル・ベンチャーズ、グーグル・キャピタル）とを合わせれば、巨大なスタートアップファクトリーができあがるのは容易に想像できます。

もし、あなたが勤める大企業にそうした深い洞察力がなく、ここで紹介してきたような座組みをどのように実現したらいいのかわからないという場合は、もっと簡単に、すでにあるスタートアップスタジオと提携して「イノベーション創出の委託契約」を結ぶこともできます。この契約では、大企業が資金面と業界の知識とネットワークを提供し、スタジオは価値あるスタートアップを生むためのノウハウすべてを提供します。

また、もしあなたの会社がスタートアップから大企業になっていたとしても、やはりスタジオと組むことにはメリットがあるでしょう。最近、ベータワークス（Betaworks）が新ファンドを設立し、ここにツイッターが1000万ドル（1ドル100円換算で約10億円）を投資するという事例があって、私は興奮を覚えました。両社はもともと強い結びつきがありました。ツイッターが買収した2つの会社（ツイートデック〈TweetDeck〉とサマイズ〈Summize〉の2社）にベータワークスが投資していたからです。つまりベータワークスは、ツイッターが自社を発展させるエコシステムを築く上で最高の「供給者」なのです。

おそらくこの新規ファンドは、信頼し合える両社の互恵関係に基づき、ツイッターの事業に近しいスタートアップを創出・育成することに専念するでしょう。ツイッターにとってこれは、買収の可能性を秘めたスタートアップという素晴らしい投資案件を意味するもので、ベータワークスにとっては新規の素晴らしい投資回収手段を意味します。

こうしたスタートアップ創出の委託契約において、企業はイノベーションの方向性を決定し、市場アクセスと、起業家精神にあふれた人材、資金を提供します。そしてスタジオは企業に代わってアイデアを出したり、プロトタイプを作ったり、商品を検証・構築したりといった実務を行うことになります。

大企業が所有するテーマ性のあるスタジオは、会社側にスタートアップの機動性を提供しながら、企業文化の核の部分をスタートアップ的な考え方から守ることができ、逆もまた同じです。

ちなみに私の知る限り、従業員にいきなりスタートアップの共同創業者のような考え方をしてほしいと本気で望む大企業の経営陣はそう多くいません。コーポレート・スタートアップという場があれば、多くの先鋭的な従業員にとって「解放」となるでしょう。そして、大企業にとってはおそらく離職率の低下にもつながります。

複雑なレシピ

もちろん、コーポレート・スタートアップの創業・運営に成功するには、それなりのレシピが必要になります。スタジオに弾みをつけて、理想的な事業規模に達するには、創業者は多くのリソースを提供しなければなりません。それは資金面であったり、チームの構成であったり、手続きや指標の明確化など、さまざまことについていえます。

まず、親会社とつながりがあり、なおかつ自分たちのルールと文化で独立して動ける創業チームが必要になります。さらに、「これ!」と決めた業界でスタートアップを立ち上げるための、あらゆる能力を持ったチームも必要です。

スタジオと一緒に事前に計画を立てておくことも、大きな違いを生みます。新しいコンセプトを試すのに、スタジオがどんな方法と手順を用いるかは、その後の成功を生む重要な決め手となるからです。リーン・スタートアップやデザイン思考、アジャイル開発の手法を利用するのは、まず間違いないでしょう。

調査段階では自立を支援する組織体制でありながら、なおかつ、立ち上げたスタートアップが円滑に買収される、すなわち、すぐにも親会社に統合できるようにする組織体制が必要です。

また、報酬と失敗の奨励をどうするかは厄介な問題です。スタジオのメンバーをつなぎとめておきたければ、厚遇することが必要です。株式も一つのオプションですが、買収狙いでスタートアップを立ち上げたいわけですから、満足のいく投資利益率を確保するために、スタジオの持分は大きくしておかなければなりません。

この場合、報酬は失敗を許容するもの、少なくとも阻まないものでなければなりません。スタジオの人間、とりわけ起業家精神を持ち合わせていない人でも十分なモチベーションを持ち、安心して実験をスタートできるようにしなければなりません。

メキシコの素晴らしい手本

近年、メキシコでは小規模〜中規模の企業が増加し、中間層がどんどん拡大しています。ところがこの成長は、さまざまな課題をもたらします。中規模の企業は次々につぶれてしまい、経営は非効率で、インターネット産業にもつながりづらい。その上、多くの人が、融資を受けるための金融サービスを円滑に利用できずにいます。

こうした課題は、地域のスタートアップにとっては特有のビジネスチャンスとなります。それを踏まえて、成功した2人のメキシコ人起業家が、中小企業と中間層の大きな問題を解決しようと決意しました。これがイノハブ（InnoHub）の誕生につながります。

2人の創業者とは、中小企業向けソフトウェア大手のコントパキ（ContPaQi）創業者で会長のホセ・ルイス・デ・アルバと、スタートアップの創出モデル研究に情熱を注ぎ、12年以上にわたって技術分野で商品開発とビジネス構築を国際的に手がけてきたレイモンド・ブルゲラです。

彼らの究極の目標は、社会福祉を向上させ、雇用を創出し、スタジオを設立してスタートアップを年に1～2社立ち上げることです。そして、フィンテック、企業、物流分野における中南米一（ブラジルを除く）の成功例となることです。うまくいけば5年程度で、ポートフォリオ企業の最低でも2社をイグジットし、コロンビアとアメリカに進出する可能性があります。

2人の計画は、地元企業と提携し、その企業が新しいビジネス、新しいビジネスモデルを生み出すのをプラットフォームとして支援することでした。非常に力のある法人投資家と連携できたことで、2人はメキシコで100万社以上の中小企業に接触することができます。つまり彼らの〝秘密のソース〟は、市場へのアクセスを容易にしたという点にあります。

投資家は、市場参入戦略の策定と実行に積極的に参加しています。おかげで商品の妥当性を素早く検証でき、実際の顧客を使っていち早く弾みをつけることができます。しかもこうした法人投資家は、絶好の流通基盤というだけでなく、プロジェクトをふるいにかけて選定するのに極めて貴重な存在となります。

こうして、イノハブのポートフォリオ企業は、スタートアップとして解決するべき「商品の課題」に集中することができ、投資家はその問題解決に進んでお金を出しているのです。

ただし、イノハブの創業者と提携企業は、メキシコのような発展途上のスタートアップ・エコシステムで適した人材を見つけるのが極めて困難だとすぐに気づきました。ほとんどの人は、スタートアップを立ち上げ、運営するのにふさわしい思考を持ち合わせていませんでした。特に大きな障害となっていたのは、失敗を許容しない文化です。

イノハブは、そうした環境では従来のスタートアップ・アクセラレーターを運営できないと気づきました。しかしそれでも、創業者の市場アクセス力と提携企業のビジネス経験を基に、自前のスタートアップを立ち上げなければなりませんでした。

このプロセスの一環で、イノハブは、新しいスタートアップを立ち上げ、その経営者を雇い、必要なリソース（設備、デザインスタッフ、エンジニア、機能的な商品づくりに付加価値を与える人など）を提供し始めます。また、立ち上げたスタートアップを、提携企業や投資家の需要に即したものに近づけていきました。

その結果、イノハブは、新しいスタートアップを任せた人たちがビジネスの立ち上げ方を速やかに覚え、起業家にふさわしい思考を身につけられる環境を整えたのです。

現在のイノハブは、キラリと光るアイデアを選定した後、初期の事業構築部分に15万米ドル（約1500万円）ほどを費やします。はじめの半年は、共同創業者を務めながら商品デザイナーとして積極的にプロジェクトにかかわり、やがてスタートアップチームを立ち上げて、最初のデモンストレーションに乗り出します。9カ月目ごろには、外部投資家と共に第2回の増資を行います。そしてスタートアップが独立した後も関与を続けます。取締役や顧問、必要であればインフラも提供することになります。

このやり方で、同社は操業1年半のうちにスタートアップ4社を立ち上げ、他にもスタッフ40人、250万米ドル（約2億5000万円）を超える資金調達、100％を超える月間成長率の形で、目覚ましい成果を収めました。

今後はコロンビアでもスタジオを展開する予定とのことです。中間層の拡大や中小企業の生産性の低さといった、メキシコとの類似点があるからです。

地方にとってのチャンス

ここまでは、大企業の目線でスタジオモデルを取り入れることのメリットを論じてきました。ここからは、コーポレート・スタートアップスタジオの発展に伴う、スタートアップ・エコシステムの成長について見ていきましょう。

コーポレート・イノベーション・センターの潜在的な役割について触れたのを思い出してください。こうしたセンターは、たいてい名高いプロジェクトの一環であることが一番の足かせとなっています。企業はセンターを戦略的な立地、つまり、よく発達したエコシステムに置くことになるからです。

対してコーポレート・スタートアップスタジオは、カバー範囲を絞ることで簡単にコストを抑えられる可能性があります。また、スタジオを設立する場所として、その企業にとっては重要でも、土地代やオフィス賃貸料が大都市に比べてそれほど高くない地域を選ぶこともできるでしょう。技術力を持った人材がたくさんいて、彼らを雇用するのが比較的低コストでできる地域にスタジオを設立することは、三方よしの取引です。

親会社にとっては、名のある場所にスタジオを立ち上げた場合のほんのわずかなコストで、イノベーティブなスタートアップを数多く創出できる可能性が高まります。地元のエコシステムにとっては、スタジオの存在が励みや道標となり、地元の成功とみなされるような企業が生まれるかもしれません。そしてそこで働く人にとっては、スタジオのような組織で多くのチャンスに恵まれ、スタートアップをより簡単に立ち上げる方法を学ぶことができるのです。

重要なポイント

大企業は、イノベーションを生み出す新たな方法を求めて、絶えず目を光らせています。そんな中で、スタートアップスタジオモデルは、大企業に（メインブランドを守りながら）その目的を果たす機会を与えることができ、コスト効率よくイノベーションを外部委託する方法を提供しています。加えて、発展途上のスタートアップ・エコシステムに、大企業からの資金を呼び込むチャンスを与えるのです。

これまで、さまざまな環境下と、異なるバックグラウンドを持つ創業者の下、スタートアップスタジオモデルがどう機能するかについて数々の事例を探ってきました。ここで少し距離を置いてみるべきでしょう。

あなたは今、スタジオに入るか、この新しいモデルに投資するか、ひょっとして自分のスタジオの設立を検討しているところかもしれません。しかしその検討を進める前に、スタジオはあまりにも多岐に富んでいるので、背景にある戦略的な基本原則を見極めることが意思決定の助けになるのではないでしょうか。

次章では、シリアルアントレプレナーであり、世界のニッチ市場で勝ち残れる企業の創出を目指すスタートアップスタジオのアドベンチャーズ（adVentures）創業者兼CEOのアントワーヌ・デュボスクが案内役を務めてくれます。

十章

改めて押さえておきたいスタジオ運営の基本原則

スタートアップスタジオ戦略

寄稿者
アドベンチャーズ創業者兼CEO
アントワーヌ・デュボスク

この章を特に読んでほしい人たち

スタートアップスタジオ

起業家、起業志望者

大企業の人たち、大学関係者

スタジオの役割を一言で説明するなら、「新たなスタートアップを創造し、立ち上げ、成長させること」になるでしょう。価値の創造は、支援するポートフォリオ企業全体の価値を高めることで促進されます。ポートフォリオを統合する（コングロマリット、あるいは複数ブランドのグループ企業の役割を果たす）スタジオもあれば、スタートアップが十分に成長すると売却しようとするスタジオもあります。スタジオのタイプは実にさまざまですが、その裏には同じパターンがあることに気づきます。

それは、スタジオが起業家、あるいは共同創業者の役割を果たすということです。その働きは、スタートアップを創出する前段階から始まっており、スタジオが抱えるチームの役回りは「投資家」「コンサルタント」「サポーター」というより「起業家」の役割になります。つまり、スタジオは自らが立ち上げるスタートアップの共同創業者なのです。

もちろん、他の成功した起業家と同様に、投資家としての役割を務めることもあるでしょうが、それはスタジオが定義するあるべき姿ではありません。

スタジオのビジネスモデルと、スタジオの投資戦略（どの分野をターゲットにして、その分野で立ち上げた企業の概要がどんなもので、どう展開しているのか?)は、分けて考えることをお勧めします。

さまざまな投資戦略

市場には、既存および新規のスタジオによる実にさまざまな投資戦略があり、これは創業チームに幅広い選択肢があることを示しています。投資戦略を練る際、スタジオ創業者は少なくとも次の5つの点で選択をします。

1. 専門化…特定の分野に的を絞るのか? より多様なポートフォリオを選ぶのか?
2. ビジネス構築モデル…外部プロジェクトによるディールフロー(投資の案件数)の創出か? 内部創出か?
3. 傘下のスタートアップのガバナンスモデル…企業は誰が、どんなルールの下で経営するのか?
4. 資金調達の戦略…新規のスタートアップには、いつ、どのように資金を調達するのか?
5. スタジオ全体のシナジー…協力と人材プールをどう構築するのか?

ここからは、1と2に絞って話を進めていきます。というのもこの2つは、成功した起業家がスタジオを自ら設立するか、もしくはスタジオに「客員起業家」として参加する際に、当然自問する、最も重要な問いを投げかけるものだと考えるからです。

専門化とは何か?

先述した1の問題に対する最も一般的なアプローチは、専門化を目指すことです。徹底する(専門を一つだけ選ぶ)のか、柔軟性を持たせて専門化する(例えば類似のテクノロジーなど、シナジーをもたらすビジネスチャンスを受け入れる)のかは問いません。主にアメリカで成功したビジネスをドイツに「ほぼそのまま」持ち込んで成功したロケット・インターネット(Rocket Internet)の初期の戦略を調べればわかるように、模倣モデルもこれに近いものかもしれません。

専門化戦略の背景にある考え方は単純です。核となる強み(コアコンピテンシー)を足場として、ポートフォリオ全体のシナジーを引き出すことです。全体として見れば、正論でしょう。ただしこれは、コアコンピテンシーが、そしてその分野自体が、長期にわたって安定しているという暗黙の前提に基づくものです。もしこの前提が崩れれば、専門化によるリスクは減るどころか増し、多くの好機を逃すことになります。

私の経験上、すでに確立された分野であれば、この前提は確かに当たっています。ただ、既存のビジネスモデルが行き詰まっている業界や新しい分野では、そうとも言えません。そして、テクノロジーによって全く新しい商品やサービスが生まれる可能性のある領域では、はっきり言ってこれは誤解を生みます。

専門化を良しとする前提は、私が呼ぶところの「従来型戦略パラダイム」の一例です。つまり、１９７０年代に創り出され、大企業のビジネス事例にヒントを得た戦略上の原則に従って考えるというものです。

この原則はビジネススクールの教材で、一流のコンサルティング会社によって経済界に広められています。予測可能な、あるいは成熟したビジネスを営むのには貴重な考え方ではあります。ほとんどの投資家や実業家はこのパラダイムに従い、スタジオが専門化の道を選ぶことにも賛成するでしょう。ここにいくつかの条件がそろえば、実際に効果を生むはずです。

オープンセクター戦略

ただ、アドベンチャーズは専門化とは別の選択をしました。真にイノベーティブなビジネスモデルの構築に乗り出すという挑戦と、その見返りに魅力を感じたからです。革新的なモデルは不確実性が高いものの、その分、見返りは最大級です。私たちは市場の成功例と失敗例を検討した上で、参入分野に関する知識は成功の一番の要因ではないことに気づきました。

そこで、分野をまたいで類似のイノベーションパターンを分析し、挑戦に打って出るためのある方法を練り始めました。つまり、私たちの「スタートアップデザイン」方法を経験に基づいて絶えず改良し、経験曲線によって恩恵を受けようと決めたのです。

そうしてこのアプローチにより、専門化に代わるオープンセクター戦略を立てました。アドベンチャーズのポートフォリオ企業は、遺伝子工学やグループウェア、アート、ナレッジシェアリングなど、さまざまな分野にわたります。とてもうまくいっているように見えますが、成功したと公言するには時期尚早であり、この先、学ぶべきことはたくさんあるでしょう。

私たちのオープンセクター戦略は、創造的な人材や有能な起業家にとって、一つの魅力となっています。また、この戦略によって私たちは、膨大なチャンスの中から最高のものを選び出し、その過程で驚くほど豊かなシナジーを生み出すことができるのです。

ディールフローの創出

スタジオの中には、ベンチャーキャピタルのモデルを模倣するところもあります。スタジオ外部のチームからプロジェクトが大量に持ち込まれるような流れをつくり、人とコンセプトを査定し、基準を最もよく満たしているところに投資するというわけです。

こうした手順を取ることには利点もあります。十分な数の応募者がいれば、採択率を厳しくすることができるかもしれません。一流ビジネススクールの選考でおなじみの、狭き門といった感じではないでしょうか。

ただ、起業家とアーリーステージのスタートアップ・プロジェクトを選ぶのは、ビジネススクールの選考とは少し勝手が違います。ベンチャーキャピタルは20年にわたって投資基準を厳しくしようと躍起になり、採択率を1％程度にまで押し下げました。しかし資本収益率の統計を見れば、この手法は彼らにとって（いくつか例外はあるものの）失敗だったことがわかりますし、スタジオにとっても効果があるかどうかは定かではありません。

スタジオには他に、トップ＆ボトムというアプローチもあります。スタジオが起業のビジネスチャンスを見極め、その後チームを立ち上げて戦略を練り、実行するというものです。これは、スタジオの創業者とコアチームに、好機を見極めるずば抜けた才能があり、なおかつ広いネットワークと起業家を引きつける大きな力があれば、うまくいくかもしれません。

弱点？　極めてイノベーティブで新規参入者が続出している領域では、成功要因があまりに多く、あっという間に変化してしまうために、戦略を実行に移す頃には最初のビジネスチャンスが消えているかもしれないことです。

最後に、チーム中心のアプローチを紹介しましょう。

このアプローチで重視するのは、用意周到に準備されたプロジェクトやビジネスチャンスを選ぼうとすることではなく、基礎を「人」に置くことです。人は大きな志を果たす時、そして力を与えられたと感じた時、最高の能力を発揮します。

考え方はシンプルです。人をリソースとして使うのではなく、人を中心に、人と共に、人のために、ビジネスをつくり上げるのです。このビジネス創出のアプローチでは、エフェクチュエーション理論（訳注：市場を予測・分析してから実行するのではなく、できることを実行していく過程で適合する市場を見つけていくという考え）の研究者たちが発見した通り、「手がける人材が実際に成功を想像できているか？」が大切になります。

このアプローチは、ビジネス創出の初期段階、すなわち、ビジネスを思い描き、リーンにチームを立ち上げ、MVPをデザインし、市場に参入し、スイートスポットが見つかるまで修正と方向転換をする段階では強力な手法です。とはいえ、この場合、スタジオにはこの種のビジネス創出を行うための能力と経験が求められます。

そこでアドベンチャーズは、特別な〝調理法〟を用いています。チーム中心のアプローチにトップ&ボトムをたっぷりと盛りつけ、そこにベンチャーキャピタルモデルをひとつまみ加えた応用レシピです。

もう、ここで詳しく説明している時間はありません。スタジオという〝キッチン〟から、おいしそうな匂いがしてきました。そろそろ〝料理〟ができ上がる頃です。

本書ではこれまで、経済情勢が異なるとスタートアップスタジオの運営も違ってくるということを、数々の事例と実践的な助言を通じて説明してきました。しかし、この辺でミクロな視点を捨て、スタートアップスタジオという事業モデルが起業活動の歴史上、どういう位置を占めるのかを俯瞰的に眺めるのも勉強になるでしょう。

私たちにそうした視点を与えてくれるのは、デニス・コヴァレヴィチとピョートル・シチェドロヴィツキーです。2人はパートナーたちと共に、ナノテクノロジー産業のスタートアップに的を絞り、私がこれまで話に聞いた中でも1、2を争う印象的なスタジオのネットワークを広げています。

ソフトウェア企業を立ち上げるのも十分に大変なことです。それが、最新技術の最先端で、かつ要素技術を研究開発するような企業を立ち上げるとなれば、どれほど大きな挑戦かは皆さんも想像できるでしょう。しかもこの「イノベーションコンベアー」で彼らがつくり上げた企業と事業の数は、いまや3桁にも上ります。つまり彼らには、この話が「起業の聖域中の聖域」に入るべきものであると示す、ありとあらゆる実績があるのです。

十一章

イノベーションコンベアー

大局的な視点で見るスタジオモデルの可能性

寄稿者
デニス・コヴァレヴィチ
ピョートル・シチェドロヴィツキー

この章を特に読んでほしい人たち

スタートアップスタジオ

起業家、起業志望者

大企業の人たち、大学関係者

投資家

イノベーションコンベアーが誕生した背景

20世紀の後半、イノベーションにかかわる一連の行為主体は誰か？という問題が、国民国家から多国籍企業まで、さまざまな経済主体の協議事項の一番手に上りました。イノベーションの成果を保持できるのは誰なのか？誰が管理するべきなのか？産業的に技術革新を進め、ひいては労働生産性と経済効率を高めるべきなのはどんな経済主体あるいは立場の者なのか？つまりは、雇用者の所得と雇用者家族の生活水準に対して最終的に責任を負うのは誰なのか？

こうした一連の問題をめぐる議論は、新世代のテクノロジーが前の世代のテクノロジーに取って代わるたびに、決まって噴出します。現在では、こうした時期を「産業革命の時代」と呼ぶのが一般的です。私たちは間違いなく幸運でした。イノベーションに関する白熱した議論が、私たちの生きているうちに再び始まったのですから。

これは偶然ではありません。新たな産業革命は、「第何次革命」と命名するにしろ、ほとんどの専門家によれば「革命はすでに扉をノックしている」のです。

そして、これは理論上の問題でもありません。イノベーションによる成果を生み出すのは誰なのか？　を論じる人たちは、すでに明確な答えを持っています。議論するというより、むしろこの分野の相場や取り決め、習慣についての情報をやりとりしているのです。

そこで、技術系のシリアルアントレプレナーがこの問題にどう答えるのかを、ここでお見せしようと思います。

彼らは答えの一つとして、「スタートアップスタジオ」という新たな専門的職業をつくりました。「起業」を連続して生み出す行為、別の言い方をするなら、イノベーションの生産コンベアーへと変えたのです。

このコンベアーは周囲から独立してつくられているわけではありません。他の専門職や社会文化的な地位の人も、技術革新のプロセスの質に資することになるのです。

では、起業家が誰を視野に入れているのか、誰と生産的な相互関係を築かなければならないのかを解明していきましょう。

500年来のパートナーシップ

テクノロジー分野の起業家史上、エンジニアの発明家ほど重要なパートナーはいません。建設的な考え方というのはだいたいのところ15世紀までに確立され、エンジニアの頭の中で

「結晶化」されました。以来、経済発展は生産技術革新による分業に左右されてきたと考えて間違いないでしょう。

かの有名な経済学書『国富論』を書いたアダム・スミスは、ピンの製造工場では作業が分担されていることを例に取って、分業の効果を立証しました。ピンの製造が、1本を最初から最後まで1人の職人で作る手工芸的な手法から、18の作業に分かれてそれぞれの作業を別の専門職人が受け持つ革新的な方法に変わると、労働生産性は200倍～250倍に伸びたのです。スミスは、分業の進展こそが富を創り出す主要で唯一の源と考えることを提案しました。

この考えは、当時の人にも、また後の思想家にも、過激すぎるという印象を与えました。ですが今なら、スミスの考えが正しかったとわかります。長年にわたり、天然資源とその利用が世界経済にもたらした貢献は、エンジニアの発明の貢献度と比べて、不公平なほどささやかなものでした。

500年の間、発明家と起業家のパートナーシップは、少なくとも3つの大きなエンジニアリング活動を生み出してきました。3つとは、複雑なテクノロジー対象の統合と、デザイン、そして応用科学研究です。エンジニアといえば、かつては一部の「天才」だけが就くことのできた職業の一種ですが、エンジニアリングについては大衆の活動になったのです。

発明者は自分の知的産物の所有者になりました。知的財産保護のための初の法的保証は、16世紀の末に登場しています。また、1623年にイギリスで制定された有名な「専売条例」（訳注：1624年という説もあり）は、発明者には特許状の発行から14年間、特許権を与えるとし、国王による専制的な独占権の乱発を制限しました。

現在の「発明」、少なくともヨーロッパで目にする発明は、非常に専門的な行為です。応用研究やソリューション開発、産業プロセスの技術構築、システムエンジニアリングなどの専門家、つまり多方面で「創意に富んだ知識」を生み出す人たちによって、さまざまな方法が編み出されています。こうして発明の生産コンベアーが組み立てられ、部品がちょうどいいタイミングで届き、別々のエリアで行われる作業が同時進行しながら、品質水準を高める連続生産が行われているのです。

発明の分野で分業の果たす役割は、技術系アントレプレナーの経済的役割が増すのと並行して増大しました。これは、「資源の再配分」のためにも、お金を稼ぐ人たちの経済への貢献と比較されるべきです。

技術革新の流れは、技術系のアントレプレナーにとってビジネスと利益の主要な創出源になりました。起業家は、こうして生まれたチャンスを試行錯誤して活かしながら、以前には存在しなかった活動を創り出してきたのです。

この考えをしっかりと発展させたのは、オーストリアの経済学者ヨーゼフ・シュンペーターです（1912年発行の『経済発展の理論』によって）。シュンペーターにとって、起業家とはもっぱら「イノベーションを生み出す技術系のアントレプレナー」のことです。彼は古い市場パターンを打破し、「創造的破壊」によって新しい市場を生み出すことを提唱しています。

シュンペーターは起業家のことを「経済発展を主導的にもたらす立場」として紹介していますが、さらに、イノベーションと起業活動の成果はイコールであるとし、エンジニアと起業家のパートナーシップが理にかなっていることを理論的に示しました。

追いつき、追い越せ

続いて、いわゆる国民国家の立場を中心にして、スタジオモデルの可能性を考えてみましょう。ここでは、経済発展の原動力と内部構造に関して、異なるものの見方に出会うことができます。

17世紀初頭に技術系のアントレプレナーとエンジニアが起こした「ゼロ産業革命」の結果、連合州（現オランダおよびフランドル地域）は100年以上もの間、世界経済の中心的地位にありました。以来、多くの国がキャッチアップ型工業化を再三にわたって目指しました。キャッチアップ型工業化には、いずれも明らかな優位性＝後発性の利益がありました。何事も、人がすでに確立した技術的進歩をまねる方が、自分で生み出すよりも楽なものです。ただその一方で、毎回、産業革命に乗り気でない社会の法制度と、社会職能組織の姿勢を補って余りある制度的仕組みをどうつくるのか？という問題が生じました。

キャッチアップ型工業化の制度基盤の多様さは、ここで検討するテーマではありません。とはいえ、国民国家と国政は、「リーダー」と「リーダー候補」との産業発展レベルの格差が広がると、遅れを埋め合わせる決定的な役割を得る努力をしてきたといえるでしょう。

こうしたプロジェクトが、さまざまな時代、さまざまな国で行われました。18世紀にはフランスで。19世紀にはアメリカ、ドイツ、日本、アルゼンチンなどで。20世紀にはソ連（現ロシア）、メキシコ、中国で。キャッチアップ型工業化プロジェクトのほとんどは、優秀な工業学校の設立に依存していました。

ところがその一方では、プロジェクトの指導役を専門の国家装置が務め、技術系アントレプレナーの機能を国家機構に置き換えることを望んでいました。国家装置は「体系的アプローチ」というスローガンの下、「起業家は画期的なプロジェクトにリソースを集中させて問題に取り組む方がうまく対処できる」と表明してきたのです。

こうしたプロジェクトの効率については、さまざまな社会学分野を代表する面々にとっていまだ厄介な問題です。特定の国々での政府の介入の影響や、そのプロセスの歴史的条件がどうであれ、いつの時代もその結末には一つ共通点があることを強調しておくのが重要でしょう。つまり、こうしたプロジェクトは、経済の基本的なパラメーターの構造（第一に、起業プロジェクトに必要なリソースの価格）を大きく、場合によっては永遠に歪めてしまうのです。

その結果、事業者から製品の交換価値（つまり価格）を自由に設定する権利を、ひいては財産権の一部を奪い、経済に対する国家の影響力があまりおよばない地域へと起業家を追いやったのです。

一部の国では、国家のエリートを代表する人たちの目から見て、行政よりも起業家式のイノベーション創出の方が優れていることは明らかでした。ところがそうした国でさえ、起業家は、政府機関や役人の権利を制限し、なるべく影響を受けないようにする機関を組織せざるを得ませんでした。

その顕著な例の一つが、1609年設立のアムステルダム銀行です。この銀行は、ビジネスの需給バランスに応じた為替相場を取る史上初の中央銀行機関であり、市当局者の借り入れは禁じられていました。時代を下って1774年、オランダの投資信託であるユニティクリエイツ・ストレングス・トラストが設立されましたが、これは、成功した起業家が他の司法管轄区に投資することで、国家的なリスクを分散するためにつくられたものです。そして現在、このような機能はイノベーションを生み出す土台となっています。

20世紀の「イノベーション当番」

起業によるイノベーション創出を研究する際、起業家とは別の行為主体=まとめ役であるマネージャーを入れ忘れては、全体像を把握することができないでしょう。マネージャーは、これまで話題にしてきたポストの中で最も歴史が浅く、わずか100年あまり前に登場したにすぎないものの、現在では最も人気の高い職種の一つとなっています。

ここで強調しておくべきは、経営の専門家が、まさに発明家と起業家のパートナーシップのおかげで、20世紀にマネージャーが出現し急増したことに心から感謝しているということです。このテーマをわかりやすく説明するために、19世紀最後の数十年から20世紀はじめまでの様子を思い浮かべてみましょう。

この辺りには、第二次産業革命の進展がもたらした石油とガソリンの臭いがたちこめています。18世紀末に登場したイギリス式の工場が林立し、いまだ生産工程の組織化に重要な役割を果たしているものの、新たな技術を受け入れる態勢は悲劇的なほど整っていません。このコントラストの大きさは、神経工学者が１００年ほど前に建てられた製鉄工場の見学ツアーで今目にするものと対比することができます。

近代経営は、工場の生産性を高めようとして（そして最初の産業革命の「細胞」を、新たな段階での新たな条件による経済活動のグローバル化に沿うものに進化させしようとして）生まれたのです。

製造業の数社で技師長を務めたフレデリック・テイラーは、生産効率を何倍にも向上させられる可能性がありながら、現場のリーダーたちの働き方との間にギャップがあるのを見て、発明と工学分野での組織開発の経験を組織マネジメントの現場に持ち込みました。著書『科学的管理法の諸原理』の中で彼は、さまざまなタイプの工学知識による製造の分業と専門化の手法を、リーダーシップや組織マネジメントに応用しています。そして、複雑なプロセスを伴う製造管理に必要な知識を８つの管理業務に分け、文字通りの意味でそれぞれの組織活動と管理の場をフロア分けしています。

テイラーの後を継ぎ、彼の門弟で同僚でもあった技師のヘンリー・ガントと、その同僚のカロル・アダミエツキーとウォルター・ポリャコフは、初の専門的管理ツール（現代では「ガントチャート」と呼ばれる進捗管理表）を考案しました。

そして、世界で初となる技術系多国籍企業をゼロから立ち上げたフォード・モーターの創業者ヘンリー・フォードは、テイラーとそのフォロワーたちの成果を有効活用することのできたパイオニアの1人でした。テイラーが論じた「実利一点張り」のマネジメント方法は、技術系アントレプレナーの機能が失われた古い企業の復活を主眼に置いていたため、労働組合や出資者、多くの技師らから激しい抵抗に遭いました。一方、ガントは、自分のチャートは「生産と起業のシステムに貢献し発展させるための条件」だと位置づけて、その目的を説明しました（1919年発行の『Organizing for Work』によって）。

テイラーは、工場の効率を高めるために作業の一部を専門化しようとしました。結果としてそれが、産業のプロセスに新たな編成の形を生むきっかけをつくったのです。

そうして生まれた「多国籍企業（以下、TNC）と、その基盤である専門の経営管理機構」こそが、20世紀の大半におけるイノベーションの主要な担い手となりました。イノベーションのかなりの部分は、いわゆる「組織革新」の範囲が占めます。つまり、組織の運用と編成の方法を、その時代に見合うものにイノベートしたのです。

同時に、従来の技師は、こぞって企業の研究開発センターという大企業の安定性と経営管理スタッフのプロ意識に依存した組織に移りました。企業が研究開発をアウトソースする割合は、19世紀の末にはほぼ100％でした（そして第一次産業革命の終わりには、ほぼすべての発明が外部の民間研究所や大学で行われていました)。ところが1960年代にかけて、この割合はわずか3%にまで減少し、外部TNCに残されたのは、産業向けではない研究のみとなったのです。

しかしながら、第二次産業革命で生まれた技術や産業(自動車、肥料、化学燃料、抗生物質などの製造)の効率改善の可能性が尽きた時、TNC独自の創意に富んだ組織が再び増え始めても不思議はありません。90年代後半には、研究開発をアウトソースする割合は25%にも上るようになり、今後も増え続けることでしょう。

高くつく娯楽

一方で、企業による従業員の管理・育成コストも急増し始めたのは興味深い傾向です。大企業の経営陣は最新の技術動向をつかもうと、従業員のトレーニングや専門化にさらなる投資をし始め、ついには、平均給与を大幅に引き上げることでマネージャーの数そのものも増やし始めました。マネージャーの所得は、主に人件費の高騰によるインフレーションを上回るペースで伸びています。

21世紀のはじめに私たちが使っているすべての製品の原価に占める管理費の割合は、50〜

80％にもなります。家計消費でこれを実感するのは難しいかもしれませんが、企業に垂直統合されたいずれかの工場を例に、間接費について調べてみてください。実情を正しく聞くことができれば、その割合は100％から「空」へも届くほどになるでしょう。

ただし、生産性を高めるためにエンジニアと起業家のパートナーシップによってつくられたマネジメントの方法は、その誕生から100年以上が経った後、組織の生産性を低下させる主因の一つとなりました。起業というプロジェクトを実行する中で、自らの機能を果たせなくなったのです。

とはいえ、マネージャーの社会的役割を甘く見るべきではありません。なにしろ今日のイノベーションプロセスの分野で、技術開発の進展に強力な抑制効果を発揮するのは、マネージャーをおいてはほぼいないのです。

現代のイノベーション創出の場で、技術系アントレプレナーの他にまず目につくのは、かつて自分たちを超生産的にした役割を、自分たちの中で分け合った発明家の集団です。こうした発明家たちは、自らの成果を利用することも応用することもしない傾向にあります。いくらかなりとも職務を果たそうとはするものの、当然、極めてお粗末な結果になります。

次に目につくのは、自分たちは前任者の過ちをきちんと踏まえているし、自分たちの新しいツールを持ってすれば技術開発もこなせるだろうと本気で考えている役人たちです。

そして3番目は、ついにつくられたマネージャーたちの組合です。彼らは高度な訓練を受け、大企業の将来は安泰だと信じて疑いません。彼らの専門分野の数は中規模のサッカースタジアムの座席数を超えるほどです。

さて、ここまでは、イノベーションプロセスへの参加者に焦点を当て、それぞれの目的について理解を深めながら、どうナビゲートしていくべきかについて書いてきました。起業家がこの方法を使うとすれば、唯一の手段は、起業プロジェクト全体の中で参加者に割り当てられたポジションの性格を知った上で、プロジェクトを組成し、実行することです。

では、新たな産業革命が始まった今、技術系のアントレプレナーたちはどう行動しているのでしょうか？

天才vs.連続性

イノベーティブな活動が盛んに行われている地域では、この25年の間で技術系のアントレプレナーが連続して生まれるという、以前には存在しなかった事象に出くわすことがあります。彼らがつくり出した新しいビジネスプロセスを取り入れた組織には、まだ一般に受け入れられている名前がついていません。イノベーションネットワークや、起業家チーム、スタートアップスタジオ、スタートアップ生産工場など、呼び名はさまざまです。

ただし、どれも共通した特徴が一つあります。それは、技術関連の新ビジネスを大量生産モデルに変えるということ。そうしたビジネスは連続的に設計、開発、創出、売却が行われます。

英ケンブリッジのシリアルアントレプレナーらは、リーダーの1人であるハーマン・ハウザーと共に、1年で12の新会社、100以上のスタートアップを生み出しています。40年前、ベルギーのルーヴァンに技術移転の中心地として設立されたルーヴァン大学研究開発振興部は、実質的には大学から独立した組織で、スタートアップを年に6つ、ルーヴァン・クラスター全体では40~50を創出しています。

ロシアの15のスタートアップファクトリーによる官民ネットワークであるナノテクノロジーセンターは、数年前から連続して年に200の企業を立ち上げています。こうしたことは、ランダムかつ突然発生しているわけではありません。私たちは、急速に発展している新たなスタートアップ創出ビジネスを目の当たりにしているのです。

このビジネスを、自ら立ち上げたわけでもないスタートアップにさまざまな資金源から集めたお金を投資する機能しか果たさないベンチャーファンドと混同すべきではありません。テクノロジー企業を連続して立ち上げるというのは、起業プロセスの聖域中の聖域に入り込むことです。以前はひと握りのビジネスの天才による芸術作品と考えられていた活動が、誰にでも手の届く新しい職業になりつつあるのです。こうした試みは、120年前に始まり、マネージャーという職業を生み出した試みと論理的に似ています。そのさらに300年前には、技師の仕事がうまく慣例化され、広まりました。

ベンチャービルダーは、一次生成物の生産、つまり技術系スタートアップの立ち上げと並行して、起業活動の基本方針と規範を策定します。基本方針が示されれば、流通可能となります。こうして、元は分けることのできなかったビジネス知識が分割されたことが後押しとなり、連続起業の特定の目的、手段、基本事業や商品がつながっていき、ますます多くの人が起業活動に参加するようになっています。

スタートアップスタジオは、過去の実業界の伝説的人物や現在のイーロン・マスク（訳注：アメリカの起業家で、電気自動車メーカーのテスラや宇宙事業を手がけるスペースX社の共同設立者として知られる）のような大物とは、無縁の集団なのです。

時間の値段

商品ではなく企業が、つまり、できたばかりの新会社が、なぜそれだけで量販の対象となったのでしょう？　発明があるからといって、それを土台にどんなビジネスが立ち上げられるかはわかりません。独自性はあっても経済的に実現しなかったエンジニアリングソリューションはいくつもあります。持続可能なビジネスにつなげることのできなかった発明は数知れません。

先ほども触れたヨーゼフ・シュンペーターは、イノベーションとはイノベーションそのもののことではなく、それを技術的分業にどう使うかという実施方法のことだと考えていました。結局のところ、技術的に現実味のある「発明の選択肢」のうち、どれなら採算が合うかはわからないわけです。

起業家が受け持つのは、まさにそのプロセスの部分です。彼らは無数の選択肢やデザインをあれこれと考えずに、自ら行った「実験」を通じてそのことに気づきます。かけがえのない要素である自分の時間を、新たな起業活動に投資するのです。

最初に結果を出す起業家たちは、ある種の独占事業者になります。市場からライバルを追い出すからではなく、新しい分業システムに一番乗りする（というよりシステムを生み出す）からです。「イノベーションレース」の他の参加者はみんな、追い上げる立場です。

そうした状況で再び首位に立つために、重要な決断をすることができ、また多くの場合、実際にその決断をします。つまり、最初の起業家がつくったものを買うことで、時間を節約するのです。

　フレキシブルディスプレイでスマートフォン市場の主導権を握ろうとしているサムスン（Samsung）は、自社に必要な要素技術を開発するスタートアップを立て続けに買収しています。同じ理屈はシーメンス（Siemens）でも奏功しています。同社は、航空機やエンジンなどの複雑なメカトロニクスシステム向け３Ｄシミュレーションや、モデリング用として当時世界最高のソフトウェアを提供していたベルギーのＬＭＳ社を数百万ユーロで買収しています。他にも例を挙げればキリがありません。

　企業のコストを左右し、事業の成長の決め手となるのは、発明を選択して産業に応用するのにかかる時間です。技術基盤が変わり、産業革命の新たな段階が始まろうとしている時には、この決め手が非常に重要になります。新会社の形でビジネス実験のプロセスにかける時間は、言ってみれば起業家が売る実質的な商品です。そしてその買い手は、テクノロジーの進化が速まり、何でも単独でやろうとする経済不条理のせいで、時間が「お金以上のもの」だと考える人たちなのです。

提携の時代

節約した時間は、スタートアップスタジオが新たな産業革命で生まれた新興産業に大企業や中規模の企業を組み込むために、その企業のマネージャーに提供する商品です。

会社の基礎を古い技術基盤と高度に統合された企業モデルに置いている場合、スタートアップを「利用する」ためにまず、自社の垂直構造を「解く」というかなり痛みを伴う過程をたどらなければなりません。でなければ、せっかくの投資が台無しになる恐れがあります。

そうした企業の硬直した組織機構は、新しいビジネスの核、最も活用される価値のある部分をせっせと轢き砕いてしまいかねません。この10年の間、シリアルアントレプレナーが、業態を壊さずそのまま引き受けたいという企業にスタートアップを安く売る決定をしたケースがいくつもあります。

そうした賢明な行動を取れる企業が、創業25年～30年を超えていることはまれです。彼らは20世紀の典型的な多国籍企業と区別するために、しばしば第三世代企業と呼ばれています。

例えば、リソグラフィー（露光）装置の製造で世界をリードするＡＳＭＬ社は、全部品の9割を生産する数千の供給業者による分散型のネットワークを構築している上、とりわけ困難なプロセスのみを保有する共同研究開発コンソーシアムを形成しました。

そして、ASML社は現在、従来の経営パターンを打ち破るさらなる一歩を踏み出そうとしています。会社の今後の発展に必要な新事業を創出するために、技術系のアントレプレナーと提携して、実際に技術プロジェクトを発注しようというのです。禁じ手であった密接な事業連携が、新産業革命の時代における起業の大きな特徴に転じることになります。

開かれた機会

ASML社のケースは、新しいながらも、すでにかなり発展したナノエレクトロニクス産業の例です。一方、今の技術系アントレプレナーの大半は、主要な事業者もいなければ、しっかりとした付加価値連鎖もない、まだ存在していない産業の創出に取り組まなければなりません。

このような状況で、シリアルアントレプレナーは自身が何をすべきかをどのように知るのでしょう? エンジニアによって過剰に生み出された発明の中をどう進んでいるのでしょう? 新世代のビジネスを創出することになるテクノロジーをどう割り当てているのでしょう?

こうした疑問に対しては、とあるバザールで、意思の強い起業家が、ずらりと並ぶ露店の間を歩きながら何を買うかを決めていき、本能的に将来の発展を選んでいるという光景が思い浮かびます。今日、起業家のこうした仕事のスタイルに出くわすこともあるかもしれませんが、これは、19世紀末の小さな専門工場とフォード式のベルトコンベアーとの距離に匹敵するほど、技術系アントレプレナーの現実とはかけ離れたものです。

発明家と起業家のパートナーシップはこの10年で、ビジネスチャンス創出の技術化へと大きな一歩を踏み出しました。

個々の発明はいずれも、戦術的な特徴や技術的な特徴に関係なく、プロセスチェーン（業務・工程の連鎖）への参加があって初めて価値が出ます。スタートアップスタジオによる技術入札が成功する条件は、まず、プロセスチェーンの周辺部分と特定の技術に関する相互シナジーがあること、次に、まだつくられている途中の技術的分業の仕組み全体に経済性があることです。

例えば、必要な量の材料がない、あるいは消費者の需要があまりないなら、織物複合材料のハイテク設備づくりに投資しても意味がありません。実際、まだ業界が成熟していない状況では、技術系のシリアルアントレプレナーは、将来の付加価値連鎖の全般に時間とリソースを同時に投資するか、設備の建設と開発速度全体の推計を基に投資することになります。新たに発生した分業のどの活動が他の活動に後れをとっているのかを見極めなければなりません。事業のペースは、いわゆる最終消費も含めて、将来的な付加価値連鎖の個々の要素の成熟レベルを示す対話型地図のようなものです。

スタートアップスタジオの「状況分析室」に置かれたスクリーンには、アントレプレナーと共に新しい産業の創出に取り組む人たちの行動や、エンジニアの計画とプログラム、技術系企業への投資、そしてもちろん、他の起業家の活動が映し出されます。シリアルアントレプレナーは、情報を定期的に更新してこそ、いつでも優先順位について決定を行うことができるのです。

新たな形のエンジニアリングや事業提携は、技術系企業の設立本部の機能を果たします。建物一体型太陽光発電（ＢＩＰＶ）の分野で世界最大級の提携機関であるソライアンス（Solliance）は、２０１４年にオランダのハイテク・キャンパス・アイントホーフェン（High Tech Campus Eindhoven）内に開設されました。ヨーロッパの4つの主要な技術センターがソライアンスに研究を持ち込み、さらに一流工科大学（アイントホーフェン、デルフト、ハセルトなど）のグループ、企業のエンジニア、高性能機器および材料メーカー、自社の開発にＢＩＰＶ技術を使う計画をしているテクノロジー企業（ドイツの鉄鋼大手ティッセンクルップなど）も参加しています。

将来的な生産チェーンのすべてが一つの分野で示されたわけですが、何より重要なのは、競合するプレーヤーがパートナーになったことです。

ソライアンスは将来の産業構造――例えば、表面にソーラーフィルムを一体化させた屋根や窓、ファサード用の新建材産業――をデモンストレーションするプラットフォームになりました。このため、スタートアップスタジオがソライアンスのパートナーになることができたのです。

この集合的技術生産者の技術ラインアップと位置情報マップを見れば、新たな産業を生み出すために行われている取り組みがどこに集中しているのかがわかり、どこが手つかずなのかもわかります。この提携の目的は、技術的なソリューションパッケージを開発することだけでなく、複数の専門コミュニティ内で情報交換することでもあります。

この情報は、期間限定のチャンスについてのもので、シリアルアントレプレナーにとってはこの情報のある・なしが〝運〟として働き、将来のビジネスの枠組みを構築する基礎となっているのです。

利用可能な技術

優れたアントレプレナーはゴールを設定します。彼らには、今この瞬間、どんなビジネスを立ち上げるのが経済的に理にかなっているのか、その構想を形にするために必要な時間はどれだけなのかについて、はっきりとわかっています。

そのゴールを達成可能なものとするのは、起業家がスタートップの立ち上げに必要な各種のテクノロジーにアクセスできることです。テクノロジーへのアクセス問題に関して、一連の根強い神話がつくられたのはこの50年のことです。とりわけよく言われるのが、世界屈指の工学系の発明が閉鎖的であることと、先端技術が極めて高コストであることですが、現実とは合致しません。

すでに触れましたが、大企業に依存していないエンジニアリングセンターやさまざまなタイプのコンソーシアム（共同事業体）は、技術基盤の転換期に新技術を生み出す上で重要な役割を果たしています。

今日の研究開発センターが経済的自立と持続性を確保するには、エンジニアが自身の発明を最大限、売上につなげられるようにしてくれる起業家との協力モデルなしにはあり得ません。一方で研究開発センターは、プロジェクトの目標設定にさまざまな起業家や企業を参加させて費用を分担することで、手ごろな金額で技術を入手できるようにしているのです。

いくつか例を紹介しましょう。イスラエルのヴァイツマン科学研究所は応用研究を行っており、その中の一部で特許を取得しています。どの研究成果で特許を取るかは、研究所とは独立したビジネス協議会が決定します（研究所は世界中のどの企業からも研究を請け負いません）。

特許の使用ライセンスは、将来的に特許使用料を支払うことが条件とはいえ、無償で提供されます。しかも、研究者が結果を公表してから商品として市場に出回るまでに平均で15～20年かかるにもかかわらず。このスキームは、特許の中身をどう使うつもりなのかがはっきり見えている起業家が、応用研究技術を利用できるようにするものです。

ベルギーのＩＭＥＣは、マイクロエレクトロニクスとその応用分野で世界をリードする独立研究開発機関であり、いわゆる提携プロジェクトを手がけています。それぞれのプロジェクトは、大規模フレキシブルエレクトロニクスから一体型質量センサーまで、今日の新興産業のいずれかに向けた産業技術パッケージの構築に重点的に取り組みます。

費用を負担する企業数十社が一斉にプロジェクトのパートナーになることができ、それぞれのプロジェクトで生まれたすべての知的財産に対して非独占的実施権が与えられます。技術系のアントレプレナーが新産業の創生期にビジネス実験に取り組むには、非独占的実施権で十分に事足ります。

一方でこのモデルは、開発した産業技術の専門知識レベルを大幅に高めて工学的エラーを激減させ、結果的に、開発期間の短縮につながります。その意味で、一般用語である「オープンイノベーション」とは、起業家がほぼ資本金額に関係なく、従来の企業モデルより短期間に生み出された世界最高レベルの技術に、大挙してアクセスすることを意味するのです。

全面アウトソーシング

技術系のシリアルアントレプレナーは、何をすべきか、必要な技術をどこで手に入れればいいのがわかると、ゴールまで期限のあるビジネスを展開し始めます。では、他の起業家や大手の技術系企業より先にゴールにたどり着くには何が必要でしょう?

スタートアップを立ち上げる際の重要な原則は、スタートアップのエンジニアリングチームが、将来のビジネスにつながるコア技術の開発に集中的に取り組むことです。それ以外の仕事は、すべて例外なくアウトソースされます。

といっても、会社の創設にかかわる法務や財務、経理、報告その他の機能のことではありません。インダストリアルデザインやプロトタイプの制作から、個々のコンポーネントの開発、商品の大量生産までを、スタートアップの外部に移すということです。

このモデルを応用した一つの例が、一般的なスタートアップの予算構造です。予算全体に占める人件費の割合は20〜30%。これは、イノベーションの資金援助の維持に、ロシア国内外の大部分の開発研究所で用いられている基準から外れたものです。

ビジネスの重要な一部分に集中して取り組むチームは、エンジニアリング業務を劇的に加速させます。私たちが日々、二次的な作業にどれだけの時間を費やしているかを数えてみてください。勤務時間の実に50～70％に上るのです。

また、一つのことに最大限集中するというこのやり方によって、直接的な時間のロスが減る上に、「走行距離」係数、すなわち、エンジニアの蓄積した知識とスキルを利用できるようになるのです。

ある調査によれば、エンジニアの成功は、専門分野の仕事を中断なくどのくらい継続するかで決まるといいます。一つのことに常に1万時間以上没頭した人は、そのテーマの専門家の世界トップ30に無条件で入ります。2万時間以上継続的に取り組んだエンジニアは、トップ級の1人になってしかるべきでしょう。

スタートアップスタジオでは、新会社立ち上げの基本プロセスにかかわらない仕事はすべて分散させることができますが、前提として、スタートアップの活動に関する適切な技術にすぐアクセスできなければなりません。技術面でのポートフォリオは、実質的に、スタートアップのインフラの役割を果たします。

そのため、シリアルアントレプレナーの要望にかなうクラスター原理は、オープンコントラクト（訳注：事案が発生するたびに契約を結ぶのではなく、あらかじめ一定の条件で包括的に契約しておくこと）式の技術提供サービスと生産です。

このビジネスモデルは、技術を提供する企業が自社の商品を持っていないことが前提となります。また、工学的生産プロセスのスピードが向上してコストが下がること、さらには、提供する作業が複雑なため、サービスの料金設定に融通が利くことも前提となります。

最新世代のCNC（コンピュータによる数値制御）と添加剤技術の組み合わせは、機械加工の分野でこうしたインフラビジネス創出の可能性を開きました。そして工業バイオテクノロジーでは、インフラの役割をゲノム配列と遺伝子工学が務めます。

シリアルアントレプレナーを助ける、ハードおよびソフト面のインフラ

最近では、人事管理のような企業の完全な内部機能も、オープンサービスモデルへと移行しつつあります。エンジニアのリースは、インフラビジネスの中でも世界で最も急成長している部門の一つです。スタートアップに必要なエンジニアリング技能の少なくとも半分は、一時的に求められるもので、その期間は数カ月から数年といったところ。そのため、スタートアップスタジオにとっては、特定の業務に適任のスペシャリストを雇った方がどう見ても

大きな利益になります。

また、エンジニアにとっても、スタートアップスタジオとの連携にはメリットがあります。業務の一環としてさまざまなプロジェクトに参加する可能性があり、そうなれば間違いなく能力の向上につながるからです。

扱う技術領域が多岐にわたれば、必然的に、さまざまな開発環境とエンジニアリング基盤も必要になります。

それに伴って、この10年、専門技術に特化した不動産会社が世界で成長を遂げています。スタッフには建築家と設計士の他に、各領域の開発プロセスや専門的な設置環境の設定に必要な条件は何か、土地開発にどんな条件を定めるべきかを心得た関連業界（バイオテクノロジー、マイクロエレクトロニクスなど）の専門家がそろっています。

現在こうしたデベロッパーは、大口顧客（企業、研究開発センターおよび大学）の仕事を効率よくこなしているだけでなく、起業家による技術系スタートアップがまだ手がけていない専用インフラの構築にも投資を行っています。こうした企業は、通常の不動産ビジネスよりはるかに大きなリスクを伴う投資決断を行っていますが、それはスタートアップスタジオとの協力があってこそです。

がちがちに特化した新しい施設が費用効率よく利用されることを現実的に保証できるのは、

事業活動の連続性を考えれば、スタジオの方なのです。

この手のサービス事業は資本集約度が高く、つまり、一度に複数の新たなインフラに集中して取り組むのは極めて困難ということです。大まかなところ、現在、新産業革命のいずれの方向の開発に関しても、「インフラパッケージ」は一つのクラスターが一つにしかフルで資金をつぎ込めないようなコストになります。

ベンチャービルダーにとっては、地域のエコシステムの専門化は、自分たちの仕事の地理的配置を決定するものです。つまり、フレキシブルエレクトロニクス分野のスタートアップをヨーロッパのアイントホーフェン、ケンブリッジ、トロイツク（ロシア）に、再生医療分野のスタートアップをルーヴァン、ベルリン、ノヴォシビルスク（ロシア）に立ち上げるのは、商業的に理にかなっているということです。

以上のような原則によって、シリアルアントレプレナーは自分たちの仕事を他の生産工程と同じように考えることができます。会社をより素早く、より安くつくるほど、その売却で起業家が受け取る利益が大きくなるということです。

「全面分業」の仕組みを取れば、コストの調整ができ、技術系スタートアップを立ち上げるベルトコンベアーの速度を必要な範囲内で加減することができるのです。

ウィリアム・ジェヴォンズの精神

投資家、エンジェル投資家、ベンチャーファンドは、イノベーションの話題に登場する重要人物たちです。彼らのお金は「プロジェクトの血」とまで呼ばれ、スタートアップや開発機関は彼らを取締役会に引き入れようと努めます。「魅力的な投資の条件」が、今の地域や国家のイノベーション戦略のキーポイントなのです。

理由は明らか。プロジェクトのアイデアが資金を出すに値するかどうか、最終的な決定権を持つのが投資家だからです。

この責任共有モデルは、投資家には経験があるために、良い提案と非現実的な事業構想を見分けられるということを意味しています。また投資家は、プロジェクトチーム、ビジネスモデル、市場の可能性などを評価する役割を果たします。それどころか、ビジネスの大部分が投資家に託されているのです。

従来の投資家は、こうした負担や責任を負うために、MBA（経営学修士）を修了しているビジネスアナリストや、資産運用の専門家といったスタッフを雇います。すると今度はスタートアップの側に過剰な負担がかかり、書類を何枚も書いて、特定のマーケットや技術動向について相談するコンサルタントを雇い、データに基づく事業計画を準備して、その承認を得るために投資家やベンチャーキャピタルファンドの取締役会にそれを提出しなければなりません。

結果はすでに出ています。統計によれば、10件投資して成功するのは平均1件といったところ。専門家やスーパーバイザーからは、よくこんな疑問が出ます。「そんな成果で、存続期間7年にわたってファンドの総資本の20％にあたる管理手数料を払う価値があるのか？」と。

これに対して投資家は、たった一つのこと、すなわち、投資したスタートアップの売却に成功し、ファンドを閉じる時に利益を上げることで答えます。

一方、自ら立ち上げた、または魅力的なベンチャーキャピタルが立ち上げた企業に投資するスタートアップスタジオは、全く違った問いに直面します。

ここで「強気の賭け」に出て新ビジネスの構築を開始するにあたり、主要な技術すべての転機を決める価値はあるのか？　技術基盤が変わり、候補となるソリューションが豊富にある中で、この転機をうまく乗り切ることがスタジオで行うべき仕事の本質ではないのか？特定のソリューションの経済指標や、まだ形になっていない消費の規模に関する知識は、ビジネスを構築する過程でしか得られないのであれば、大量の計算をしたりグラフを作ったりすることになぜ時間をかけるのか？

そしてもう一つ、会社を立ち上げる実際のスピードに応じて、スタートアップの「凍結や解凍」の手続きまでの間、資本を投下するテンポや規模を投資方針によって調節できるような資本はどう編成されるべきなのか？

シリアルアントレプレナーは、シードステージやアーリーステージの投資家と呼ばれることもありますが、その呼び名は起業プロセスの本質を反映してはいません。その核心にずっと近づいたのが、19世紀イギリスの優れた経済学者で哲学者のウィリアム・ジェヴォンズです。

ジェヴォンズは、事業投資の分野に「非投資（uninvestment）」という言葉を持ち込みました。そして、起業家は投資をするのではなく、むしろその逆のプロセスを行っている、つまり、仕事の活動の中で利用できるストック（資金を含む）を変容させているのだと主張しました。

当初の資本財は会社をつくるたびに減っていくため、ここで重要なのは、「起業家は臨時の会社、つまり、財源を得るための期間限定で、リソースを自己増殖して機能する会社をつくれるか?」ということです。非投資のタイムリミット。それが起業家の相手にしているものです。

起業に対するこの考え方とプロセスに連続性があるおかげで、スタートアップスタジオは現行の投資業務を根本的に改革することができます。シリアルアントレプレナーは、そのほとんどが、物理的なインフラ（設備やオフィス賃料）への多額の投資を、知的財産パッケージへの投資や最終商品であるスタートアップへの投資から切り離そうとします。こうして切り離しておけば、資本投資の成功が特定のスタートアップの成功に直接依存することから抜け出すことができます。

一方、立ち上げた複数のスタートアップで資本集約的な設備を使えるようにすることで、設備利用の効率化にも役立ちます。

このように、スタートアップスタジオは運用可能期間の異なる投資の対象を区別していて、それが金銭その他の資本の活用効率を数倍に高めているのです。

ポートフォリオ投資家が、このようなアプローチを取るのは根本的に不可能です。複数の起業に投資するにしても、金銭的なリスク分散の原理からすれば、その企業はお互いに無関係でなければなりません。

ポートフォリオ投資家は常に個人の起業家に投資し、その起業家は一つのビジネスしか立ち上げません。つまり、起業家に「非投資」のタイムリミットがないということは、流通市場でプロジェクトによるわずかばかりの物質的なものを売り、浪費したリソースのせいぜいごく一部を投資家に埋め合わせるということなのです。

このため従来の投資家は、シリアルアントレプレナーについては主に、彼らが立ち上げた企業の一顧客の役割を果たします。

個々の企業ではなく、連続的に事業を創出するビジネスモデルへの投資は、まれなケースとはいえ、世界中の投資分野ですでに見られるものです。近い将来、スタートアップスタジオへ専門的に資本提供する投資機関が形成されるのは間違いないでしょう。

起業の大衆化

成功した起業家がスタートアップスタジオに対して投げかける質問の中でよくあるのは、次のようなものです。

「設立にそれぞれ5年～8年かかるスタートアップをどうして同時に何十社もつくれるのですか?」

「競争力のある商品を作れるほど、スタートアップそれぞれの技術や活動を熟知しているのですか?」

「あり得ないでしょう」と、起業家たちは結論づけます。

この、いかにもといった会話から、私たちはまた「分業プロセスの拡大によって経済は発展するのか?」という、この章の重要なテーマに戻ることになります。直観的には、発展するのは明らかであり、経済の現状に注意を払っているほとんどの専門家もこれを受け入れています。ところが、物質的生産と同じ原理を知識の生産に移してきたとたん、直観が働かなくなります。

この章のはじめに、近代経営の祖であるフレデリック・テイラーとヘンリー・ガントの功績について触れました。2人は、それまで一つになっていた工場長の仕事を、専任の8つの管理職業務に振り分けました。これにより、後にもっとずっと複雑な管理システムである多国籍企業がつくられることとなったのです。知的管理労働の分業が劇的に進展するまでは、そうしたシステムを実際につくることはもとより、予測することさえ不可能でした。

そしてもちろん、20世紀の経済を想像もできなかったペースで発展させた、より高いレベルの管理システムを目にすることも不可能だったはずです。

21世紀の起業は、専門化やテクノロジー化と同じ運命をたどることになるでしょう。少なくとも、新しいスタートアップの立ち上げを技術的、商業的に容易にしている部分、揺るぎがなく、再現性があり、質を向上していく部分についてはそのはずです。

こうした再現性のある起業の形は、世界のさまざまな地域で目にすることができます。すでに確立されたスタートアップ立ち上げプロセスの規範(一部はこの章でも説明してきたものです）に焦点を当てて研究することで、多くの人たちがスタジオを設立することもできるはずです。

次々と新しい事業を立ち上げるシリアルアントレプレナーシップが経済発展の新しい方式をつくっていることは間違いなく、私たちはこれを20世紀の主たる発明の名に似た「イノベーションのコンベアー」と呼んでいます。

今までになかった新しい活動が生まれるには、数十年という時間がかかります。起業が分業と専門化によって大衆活動となり、世界中の何百万もの人々にとって手の出せるものになるには、それ以上の時間が必要です。

とにかく、今はまだとらえにくくても、すでに起きているプロセスにもう少し注意深くなりましょう。そうすれば、窓の外の見慣れた景色も変わって見えてくるかもしれません。

スタートアップスタジオにどんなチャンスがあるのかは、まだ明確になっていない領域です。どうすればスタジオモデルのメリットを最大限引き出せるかを知るには、さらに多くの探究者が必要になります。そのため、2015年、アメリカン大学のコゴッド・スクール・オブ・ビジネスのあるグループから連絡をもらった時、私は興奮を覚えました。

MBA（経営学修士）課程の一環として、ダニー・フィーマン、トム・リドル、リンゼイ・ジャコ、マーガレット・エイヴリー、クリス・ヘス、チラーグ・パテルの6人が、スタートアップスタジオについて学び、スタジオモデルを改善する理論的基礎を築くための研究プロジェクトに乗り出したのです。

彼らによるレポートを興味深く読み込み、どうすればスタジオモデルをより良くできるのかを見つけてください。

十二章

スタートアップスタジオ2・0

学生の研究グループが調べた「ブームの今後」

この章を特に読んでほしい人たち

スタートアップスタジオ

アメリカン大学コゴッド・スクール・オブ・ビジネスでは、MBA課程におけるキャップストーン戦略（訳注：大学で学んだ知識を地域社会と連携しながら実際に活用できるようにすること）コースの一環として、提示されたさまざまな分野で独自の研究を行う機会がありました。そのうちの一つは、MBA課程の中で私たちが一度もまともに時間をかけて話し合ったことのない分野で、それがスタートアップスタジオでした。

冒険好きな私たちのチームは、最後のプロジェクトのテーマをスタートアップスタジオにすることに全員一致で決めました。

目標はシンプルで、スタートアップスタジオがつくり出すエコシステムについて、それも、生まれたばかりのこのエコシステムが近い将来どんなものに進化し得るのかを、徹底分析することでした。

鍵となる成功要因

スタートアップスタジオを個別に、または産業として、観察した特性だけで業績を測ることには特有の難しさがありました。オープンソースや、任意のレポートに基づく成果指標を使っても、問題はいろいろと生じます。何より、そうした指標は多くの場合、個々のスタジオにとっての重要な商品（企業）や、後の新規投資家を評価するわけではありません。資金調達が完全に民間拠出であればなおさらです。

その点を念頭に置いた上で、評価項目として重要なポイントが2つ推測されます。まず、こうした尺度がスタートアップスタジオの内部的なものであること、そしてその情報が正確に収集し追跡できるということです。

資金調達はすべてのスタジオにおいて重要な問題です。なぜなら、どんなアイデアを持っているにしろ、あるいはどんな仕事をするにしろ、資金がなければ前には進まないからです。資金調達の問題に取り組まなければならない重大な時期は二度訪れます。

まず、創業期。スタジオは、事務所スペースと、従業員によるコアチーム、アイデアを生み出して育てる能力の対価を払う十分な資金があるかどうかを見極めなければなりません。

そして、追加期。これはベンチャーキャピタル（ＶＣ）からの外部資金調達が必要になる時期です。スタジオは、自分たちに資金が確保できるかどうかも判断しなければなりません。

場所の問題は極めて重大です。スタジオが物理的にどこにあるかが、優れた人材やリソースを集められるかどうかに影響する可能性があるからです。具体的には、他のスタジオがすでにある場所を拠点とすべきか、それとも足がかりとなる場所のある未開の地域にあえて進出すべきかを決めなければなりません。

どんな方法でスタジオを設立するかは、スタジオの構造に大きく影響するので、重要な判断となります。私たちが想定したのは、「メンローパーク（訳注：シリコンバレーに位置する都市）法」と「ウォーデンクリフタワー（訳注：ニューヨーク州ロングアイランドにかつて存在した電波塔）法」の2つです。

両方の徹底分析については後ほど説明します。分析の結果わかったのは、方法が決まったら、さらに構造別の適切なモデルと、成功するために利用できるリソースをセットにしなければならないということです。そのモデルとは、「ビルダーモデル」「投資家モデル」「インキュベーターモデル」の3つで、これについても後で詳述します。

スタートアップスタジオがVCを兼ねていない場合、手を組めるVCがあるか、あるいは、学校でもいいので手を組めないかを見極めなければなりません。どんな産業でも、戦略的パートナーシップを築くことは最も基本的な成長戦略の一つです。パートナーの活用が重要なのは、それによって大事な2つのもの、つまり資金とアイデアがスタートアップスタジオに入ってくるからです。この2つがなければ、スタジオは何も生み出すことができず、失敗に終わることになります。そのため、陣容にVCを含めるか、協力できそうな戦略的パートナーの目星をつけておくべきです。可能性として、ハーバード・イノベーション・ラボのような大学を通じてパートナーシップを築くのも一つです。

知名度（あるいはブランド認知度）といえば多くの場合、創業者を指しますが、企業の認知度が先にあって、その後スタジオ産業に進出することもあります。有名な例がウーバー（Uber）とエキスパ（Expa）で、どちらも企業として成功した後にスタートアップスタジオを始めています。これを評価の対象とすべきなのは、創業者の過去の成功や、スタジオがどの分野に従事することになるのかがそこからわかるからです。

いずれにしろ、何より重要なのは、スタジオがいずれかの分野における自社の地位や創業者の知名度を過大評価しないことです。「創業者」自身の知名度より、成功した「企業」の方が有名であるというのは、よくあることです。

ほとんどのスタートアップスタジオは、企業間取引（B2B）に専念するのか、あるいは企業対消費者間取引（B2C）なのか、サース（SaaS）なのかを決めなければなりません。するとその決断がさらに産業や市場の特定につながるかもしれません。

これを「テーマ」と呼ぶ人もいますが、むしろ、何をスタジオの強みとするのかを物語るものです。指導することがスタジオの強みなら、インキュベーターモデルが最も効果を発揮する可能性があります。特定の分野に対する情熱が強みなら、ビルダーモデルが最適かもしれません。

スタジオが何を生み出すかはさまざまで、スタジオの設立方法やモデルによって大きく左右されます。基本は、どれだけ生産できるかと、そのためにどんなリソースが必要かに重点が置かれます。この2つのバランスを取るには、適切なリソース配分に頼らなければならず、それにはアイデアを実行に移す必要条件は何か、スタジオがどこまで負担できるのかを敏感に把握する必要があります。これでアイデアを市場に出すための目標が具体化します。

スタートアップスタジオは、現実的な成功率を確保し、それを維持するのにいくつのアイデアが必要なのかを判断しなければなりません。簡単に言えば、成功に対するアイデアの比率です。

どこまでの成功率を求めるかは、経営陣と戦略的パートナーがスタジオの構造とモデルに応じてそれぞれのスタジオごとに決めなければなりません。

何をもって成功と見なすかは、スタジオの設立方法や創業者が選択する運営モデルに影響をおよぼすため、スタジオにとっては難問の一つです。成功はさまざまな方法で定義することができます。例えば、売却、スピンオフ、薄利を生みながらの維持。アイデアを長期にわたって維持する資金が用意できなければ、スタジオは早期のイグジットを狙うこともできますし、十分なリソースを割り当てられるなら、内部で保持することもできます。

競争の基盤

では、スタートアップスタジオのようにまだ一般的になっていない産業では、何が直接的な競争基盤になるのでしょうか?

2014年、スーザン・G・コーエンとヤイール・ホッホベルクがアクセラレーターに関する最初の論文の一つ、『スタートアップの成長を促す——シードアクセラレーター現象』(Accelerating Startups: The Accelerator Phenomenon)を発表しました。2人によれば、業界の研究者が用いる定義にもよりますが、シードアクセラレーターのような事業体は6つの大陸に少なくとも300、おそらくは2000以上あるといいます。論文の目的は必ずしも市場勢力図を説明することではなく、研究と有効データが不足していることに対して理解を求めながら、(要するに)スタートアップの支援組織が何をするものなのかを説明することでした。

スタートアップスタジオは、優秀な人材とアイデアと資金を奪い合います。スタジオがバランスシートを超えたところで競い合っているのは間違いありません。何といってもアイデアは、スタートアップスタジオにとっての「生き血」です。

このようにスタジオは、電子レンジで問題を解決しようとするゼネラル・エレクトリック（GE）やケンモア（Kenmore）とたいして違いはありません。アイデアは、タクシーを拾う、プロジェクトの資金を調達する、ビールをオフィスに届けさせる、といった日常の問題の解決策になります。そうした問題を認識し、使える解決策を見つけること自体が競争です。アイデアがあっても、それを思いついたのが2番目なら、模倣者のレッテルを貼られ、良いアイデアが失敗に終わりかねません。最も基本的なスタジオの機能は、リソースを展開して共有することでスタートアップが失敗するリスクを抑えることであり、独創的なアイデアは失敗を防ぐために不可欠です。

この産業の競争が将来どうなるかは、入手できるデータと変化し続ける規制の状況次第なのかもしれません。近年、ハーバード大学やテキサス大学のような学術機関がスタートアップスタジオを設立し、一般からの大学への寄付を（経費として）見込んでいます。これらの大学は、スタジオの基金をアイデアの元手に使います。これはスタートアップスタジオが提供している「触媒的変化」を表してはいないかもしれませんが、産業が流動的であることと、こうした機関の研究成果が利用可能となることを示しています。

スタートアップスタジオのエコシステムは比較的新しいものですが、研究者と規制機関の両方から注目が集まっています。米中小企業庁がスタジオについての理解と評価を試みた報告書を初めて公表してから1年半足らず。間違いなく言えるのは、今後、さらなるデータが学術研究機関（スタジオモデルを利用している大学が増えているため）と規制機関（中小企業庁、商務省、国税庁など）の両方から入手できるようになるということです。

データがさらに出てくるようになれば、規制当局はそのデータに表れたものに対応していくことになるでしょう。規制機関から注目されるということは、新たな税金や、現行の税制優遇措置の変更、あるいはさらなる事業規制と報告義務につながる可能性があります。今のところ、規制がなされれば競争への脅威を生みかねませんが、この産業の競争の性質は今後数年で変わると見て間違いないでしょう。となれば、新しく出てくるスタジオはこうした変化に対応できるように敏捷でなければならないでしょう。

スタートアップスタジオ2・0の事業動向

さて、スタートアップスタジオの設立について調査したりしているうちに、私たちはあるジレンマに陥りました。把握したこの産業の動向をどう言葉で表現すればいいのか？ すぐに、あのあまりに対照的な「テスラ対エジソン」が頭に浮かびました。

具体的には、2人がそれぞれ設立した研究所のことです。ニコラ・テスラはウォーデンクリフタワーを、トーマス・エジソンはメンローパークに研究所を設立しました。どちらの研究所も、今日に至るまで私たちの生活に影響を与える研究を生み出しましたが、その設立から日常業務まで、大きな違いがありました。

メンローパークの研究所設立は、エジソンが四重電信をウェスタン・ユニオン社に売却したことに端を発しています。この時に受け取ったお金でエジソンは研究所を建て、自分の下で働く科学者やエンジニアを呼び込むことができたのです。

研究者たちは、メンローパークに勤めながらエジソンと働く機会を得ましたが、いつも一緒に仕事ができたわけではありません。彼らが研究所で働くメリットは、資金繰りや作業スペース（今でいうオフィススペース）の心配をしたり、一緒に問題を解決してくれる同志がいないことを気にしたりせずに、自分のアイデアを追求できることでした。

一方、マイナス面は、メンローパークから出るすべての特許にエジソンの名前が載ることでした。つまり、従業員は信頼を得て、エジソンは資産を得たわけです。いくつかのスタジオは、このメンローパークのやり方と似た方法を採っていることがわかりました。「メンローパーク法」という名前は、創業者が自分の力で以前に成功を収め、その後スタートアップスタジオを立ち上げたケースを分類するためにつけたものです。例えばイデアラボ（Idealab）は、ビル・グロスが１９７７年にカリフォルニア工科大学のプロジェクトとしてＧＮＰオーディオ（GNP Audio）を設立した後にできたものです。ちなみに、彼はこのＧＮＰでスピーカーの新しいデザイン法を見つけています。もう一つの例は、ギャレット・キャンプ（スタンブルアポン〈StumbleUpon〉とウーバー〈Uber〉の共同創業者）が設立したスタジオのエキスパ（Expa）です。

一方、ニコラ・テスラによるウォーデンクリフタワーの設立はかなり違っていました。テスラにはやりたい研究のアイデアがありましたが、資金はほぼないに等しい状態でした。昔は、こうした起業法は「ブートストラッピング」と呼ばれていましたが、スタジオよりむしろ一般的なスタートアップの話をする時に使う方が適当です。

両者の決定的な違いは、投資家と創業者と成果物の間の力関係です。ウォーデンクリフタワーの資金調達は、最終的にＪ・Ｐ・モルガンを通じて確保され、モルガン側はこの研究所の特許収入の51％を与えられました。それでもテスラは、研究所の資金を調達し続けるために他のプロジェクトに取り組まなければなりませんでした。

結局、研究所は資金繰りの問題で破綻しましたが、このケースは、すでに十分な財政基盤

（あるいは、いつでも資金を得られる）創業者のいないスタジオの事例をとてもよく表しています。

「ウォーデンクリフタワー法」は教訓にもなります。中には、コンサルタント業務をしてスタジオ側の運営資金を調達し、すべてを自社で賄おうとするスタジオもありますが、私たちがインタビューを行ったスタジオは、２、３の企業または商品に対してベンチャーキャピタルから資金提供を受けていました。組織づくりにこの方法を採っている18のスタジオは、アイデアからシードステージまでは外部ベンチャーの助けを借りずにプロジェクトの資金を調達できることを目指しています。

メンローパークとウォーデンクリフタワーは、スタジオの資金調達以外に運用面にも違いがありますが、オーバーラップするところも多々あるようです。

現在の市場では、スタートアップスタジオの事業モデルを、「ビルダー」「投資家」「インキュベーター」モデルの３つに分類できます。この分類は観察コミュニティ（つまり、テッククランチのようなテクノロジージャーナリズムメディア）から出てきたものです。

ただし、中小企業庁の２０１４年の調査によれば、これはすべて、結局は「スタートアップ支援組織」ということになり、そうした組織は一般的に株式非公開で、情報を公表する義務を負っていません。業務についても多くの場合、非公開です。アイデアを吟味し、それを成長し続けるスタートアップにする能力は、市場における競争優位性の最も基本的な形の一つと考えられているためです。

中小企業庁がスタートアップスタジオの調査と定義をしてわかった通り、次に挙げるモデルは実際には「イノベーション・エコシステム」の一部であり、そのエコシステムの中では各スタジオ（またはスタートアップ支援組織）が別の名称で呼ばれる組織と活動内容が多少異なっているにすぎません。組織間の違いは曖昧なことが多く、それは、スタジオがインキュベーターやベンチャー開発会社、コーポレートアクセラレーター、ソーシャルアクセラレーターなど、どう定義されていようとも、現地の状況に合わせてスタートアップを支援するように考えられているからです。

また、今挙げたモデルの調査については、固有の問題もあります。その中心にあるのは、各スタジオが株式公開されていない事業体だということで、自分たちの事業モデルについて語っているスタジオでさえ、一定の縛りがあって詳しく話しているわけではありません。そのため、自分たちが勝利の方程式だと思っているものを明かすことはまずないでしょう。ひょっとしたら、競争優位性を守るには学問的理解や経済的理解を誤った方向に導いた方が有利でさえあるかもしれません。

スタジオの働きは3つの基本的要素に要約することができます。資本、経営構造、資金調達です。創業者にはスタジオに使える資金が必要で、その出所は個人的な資産の場合もあれば、パートナーシップや受託業務によるものになるかもしれません。ただし、資金不足では話になりません。たとえガレージを仕事場にしても経費はかかるわけで、スタジオにはそうした支払いをする手立てが必要です。素晴らしいアイデアがあっても必要な資金が得られなければ、良い会社にも良い商品にもなれません。

スタジオの経営構造は実にさまざまですが、それが非常に大事だということはいくら強調しても足りないくらいです。この構造がスタジオ全体の雰囲気と枠組みを決定づけることになるからです。例えば、アイデアを進める、失敗に対処する、人材を管理する、別分野の事業に乗り出すといった決定は、各スタジオが持っている経営構造に関係してきます。

資金を確保して経営構造をつくり上げたら、スタジオは一定の期間でいくつのアイデアを生み出せるかを検討する必要があります。どのアイデアもリソースが頼みなので、創業者はスタジオのリソースを基に、効率よくスタジオの運営ができなければなりません。

ポートフォリオ分析などのツールは、活動に向けてリソースをつぎ込む前に経営陣がアイデアの実行可能性を判断する方法について概要を示すものです。こうした分析法は、とりわけ設立したばかりでリソースの限られたスタートアップスタジオには重要です。

市場の将来、そしてチャンス

成功するスタジオをいつ、どこに、どうやって設立するかは、個々のスタジオに使えるリソースで決まります。業績を上げているスタジオの一つの傾向として、創業者の1人が独自に成功していることが挙げられます。

このため、経験もなく市場に参入する人にとって環境は厳しいものになるでしょう。とはいえ、新しいスタジオは絶えずつくられており、その創業者の多くは、過去にこれとわかるほどの成功を収めてはいません。ならば、やるべきはニッチな市場を見つけることです。スタートアップスタジオというコンセプトが比較的新しいため、産業全体では今後5年で収益もスタジオの数も大幅に増えるでしょう。

また、起業家主義（アントレプレナーリズム）が花開いて育ちそうな雰囲気の中、ヨーロッパなどの米国外でオープンするスタジオがさらに増えていくと考えられます。成功体験のあるスタートアップは今後も、売れる、評判の良い商品を生み出し続けるでしょう。

起業機会の評価に使えるさまざまなタイプの戦略分析の中でも、「ブルーオーシャン分析」は現在のスタートアップスタジオではとりわけ実施するのが難しいでしょう。どんなスタートアップでも、競争のない市場空間を生み出すことと競争が無意味な状況をつくることは、最も悪戦苦闘する部分です。スタジオの設立には本当の意味での「必須条件」がないので、（資金があれば）誰でもスタジオを始めて、この環境で運試しをすることができます。

スタジオは、取るべき最善の道を見極めるために、次のハイレベルな問題に向き合わなければなりません。

1. 資金源は何か？
2. 最終ゴールはどこか？（スピンオフなのか、商品の売却なのか、別会社と契約して経営を任せることなのか？）
3. 一定期間で現実的にどれだけの商品に取り組めるのか？
4. 誰に向けた商品なのか？（潜在顧客や長期的な愛用者だけに的を絞るべきではない。一定の顧客数を確保して商品を育てるには、短期的な顧客も同じように重要になる）
5. 新しいことをするために、現在の市場の隙間をどう活用できるか？スタジオは、他社がまだ注目していないニッチ市場を見つけ出すことができるのか？

すでに触れた通り、スタートアップスタジオが成功する上での障壁の一つは、競争優位性を手に入れるのが極めて困難だということです。新しいスタジオが常につくられ、発明品が現在進行形で生み出されて絶えず進化していることを考えれば、時代を先取りすることは不可能ではないでしょう。ただ、その成功は非常に短命かもしれません。

さらに、スタジオにとって、特定の世界で名を知られ、以前に成功を収めている人が創業者になることは大きな強みです。実績のある創業者を世に示せないスタジオでも成功はできるかもしれませんが、業界の注目を集めるために努力が必要になります。

どんなビジネス戦略にもいえることですが、こうした新参のスタジオは現在の市場の隙間を見つけ、コストと品質差別化を基に、その隙間を埋めることに最善を尽くさなければなりません。それには事前の徹底した調査と、スタジオ設立後に速やかに動き出せるような準備が必要です。

そこそこの資金と、スタジオ創設以前の成功とがセットでない限り、大きく利益の出るスタジオにするのには苦戦を強いられます。残念ながら、スタジオの失敗率を把握するのは、すべての情報が自己申告であるために困難です。私たちのチームが行ったインタビューでも、ほぼすべてのスタジオは失敗率の情報提供には非協力的でした。

スタートアップスタジオのもう一つの試練は、資金調達の問題です。今後5年のVCの状況を予測するのは困難です。市場がこのまま順調に行けば（少なくとも安定した状態が保たれれば）、VCがいくらかリスキーな案件に投資する可能性はあります。一方、市場が後退局面に入れば、ＶＣマネーが当てにできなくなるリスクもあるでしょう。

我々の結論

スタートアップスタジオは潜在的な成長の可能性にあふれていますが、成功するには賢く成長し続けていかなければなりません。さらに研究が進むことを願い、次のイテレーション（反復研究）を心待ちにしています。

スタートアップスタジオがどのように設立され、資金調達し、運営されるのかにかかわらず、イノベーションスピリットに高度なスキルを持った起業家が組み合わさることが成功に不可欠であることは明らかです。産業としての可能性は無限のようにも思えます。ふさわしいエコシステムさえあれば、さらに発展するでしょう。

著者のネクスト・ステップ

スタートアップスタジオモデルは、さまざまな立場の人たちの助けになります。本書を読み進める中で、あなた自身にとってどんな助けになるのかが見えたなら、うれしい限りです。今後さらに突き詰めなければならない重要な分野は、「スタートアップスタジオ対アクセラレーター」のテーマです。そしてもう一つは、スタートアップスタジオの資金調達と財務内容の分析。私も２０１７年に、全力を挙げてこの分野の研究に取り組むつもりです。

よろしければ、皆さんもこの研究にご協力いただけませんか? 皆さんのお力添えがあれば、スタートアップ創出モデルについて、より細かな違いを隅々まで知ることができるでしょう。ぜひ、左記のＷｅｂページにリンクが貼ってあるフェイスブック、リンクトイン、スラックを通じてスタートアップスタジオ・グループに参加し、ご自身の体験談や、スタートアップスタジオについてのご質問、ご意見をシェアしてください。

http://www.startupstudioplaybook.com/community

日本版解説
スタートアップスタジオは起業やイノベーションのエコシステムをどう変えていくのか？

株式会社QUANTUM　代表取締役副社長
株式会社Sports AI　代表取締役社長兼CEO　及部智仁

スタートアップスタジオは、起業やイノベーションのエコシステムから生まれた新たな組織形態です。しかも、本書を読んだ読者の方ならすでにおわかりのように、この新しい組織はイノベーションや起業家の聖地であるシリコンバレーを震源地にすることなく、欧州、北欧、中南米など世界中で同時多発的に増殖し続け、すでに150社以上も存在しているといわれています。

この本は、起業やイノベーションのエコシステムから生まれた新たな組織の生態を明らかにするため、世界規模で増殖しているスタートアップスタジオの実態をインタビューや独自の調査を基にして生々しく綴った本です。

ここでは、まとめとしてスタートアップスタジオとは何なのか？を改めて整理しつつ、私が考えるスタジオモデルの可能性を記します。

スタートアップスタジオが生み出す新たなエコシステム

本書の著者アッティラ・シゲティ氏は、スタートアップスタジオを「同時多発的に複数の企業を立ち上げる組織」であり、「スタジオにあるさまざまなリソースを使いながら、次から次へとイノベーティブな商品を生み出していく新しい組織形態のこと」と定義しています。

日本ではまだなじみの薄いスタートアップスタジオですが、その特徴は、商品やスタートアップを生み出す重要な機能をスタジオ内に有し、内製化していることです。

具体的には、投資やビジネス開発の機能だけでなく、ソフト・ハードウェアに関するエンジニアリング、UIやUXのデザイン、プロダクトデザイン、PRやデジタルマーケティング、人材獲得のためのリクルーティング、ファイナンス、法務、その他オペレーションの機能を組織的に実装するために、社員として雇用しています。これらのリソースを駆使して、新しい商品やスタートアップを生み出しているのです。

商品アイデアはスタジオのメンバーが考えて立ち上げることもあれば、起業家や客員起業家、大企業の社内起業家や新規事業チーム、大学の研究者が持ち込む場合もあります。いずれにしても、ベンチャーキャピタル（VC）や創業期のスタートアップを支援するシード・アクセラレーターのように、投資業務やメンターとしてのメンタリング業務を生業とするのでなく、スタジオ自体が新しい商品を次々に生み出し、事業化し、会社化していくのです。

そして本書でいくつも事例を紹介していたように、手がける事業の成長する可能性が高くなれば、会社化して、スタジオからスピンオフさせます。この段階では、スタジオとスピンオフされたスタートアップは連結対象であることが多く、株式もスタジオが50％程度を所有することが多いとされています。

スタートアップの出口戦略によって、早期に売却することもあれば、連携しているVCやエンジェル投資家から資金調達をして事業拡大を狙うパターンもあります。もちろん、スタジオからスピンオフしたスタートアップが失敗することもあるので、その場合は軌道修正（ピボット）を行うか、事業から撤退させ、チームは解散します。しかし、失敗した場合でも、解散したチームは次のプロジェクトのために再編成され、スタジオには失敗のノウハウやデータが蓄積するのです。

このノウハウが、次の起業に向けた貴重なリソースとなり、組織的な価値になります。ここが、スタジオの強みであるといえるでしょう。

スタートアップスタジオは、ハリウッドの映画スタジオに似ているといわれることがよくあります。映画の製作は大手から小規模の撮影スタジオが主導しており、スタジオにはプロデューサー、映画監督、脚本家、演出家、CGやVFXなど視覚効果のデザイナー、そして俳優・女優など多岐にわたるタレントがそろい、映画の製作に集中しています。

仕上がった映画作品の配給は、米20世紀フォックスやワーナー・ブラザーズといった配給会社が行い、オンデマンドではフールー（Hulu）、ネットフリックス（Netflix）、HBOのような会社が配信を行います。映画スタジオが作品づくりだけでなく配給を担う場合もありますが、作品に応じて配給会社に任せることで収益を得ているのです。

スタートアップスタジオも、ハリウッドの映画スタジオのように作品の製作ができるエンジニアやデザイナー、マーケッターなど多様なメンバーをそろえ、俳優・女優の代わりに、起業家、社内起業家、スタジオの社員などが作品づくりを背負っています。スタジオで生まれた作品の〝配給〟は、自分たちで会社をつくって行ってもいいし、ハリウッドの映画スタジオのようにどこか別の会社に任せてもいい、というわけです。

こうやって、スタートアップスタジオが起業やイノベーションの世界に生み出す新たなエコシステムは、次ページの図2のようなものになるでしょう。

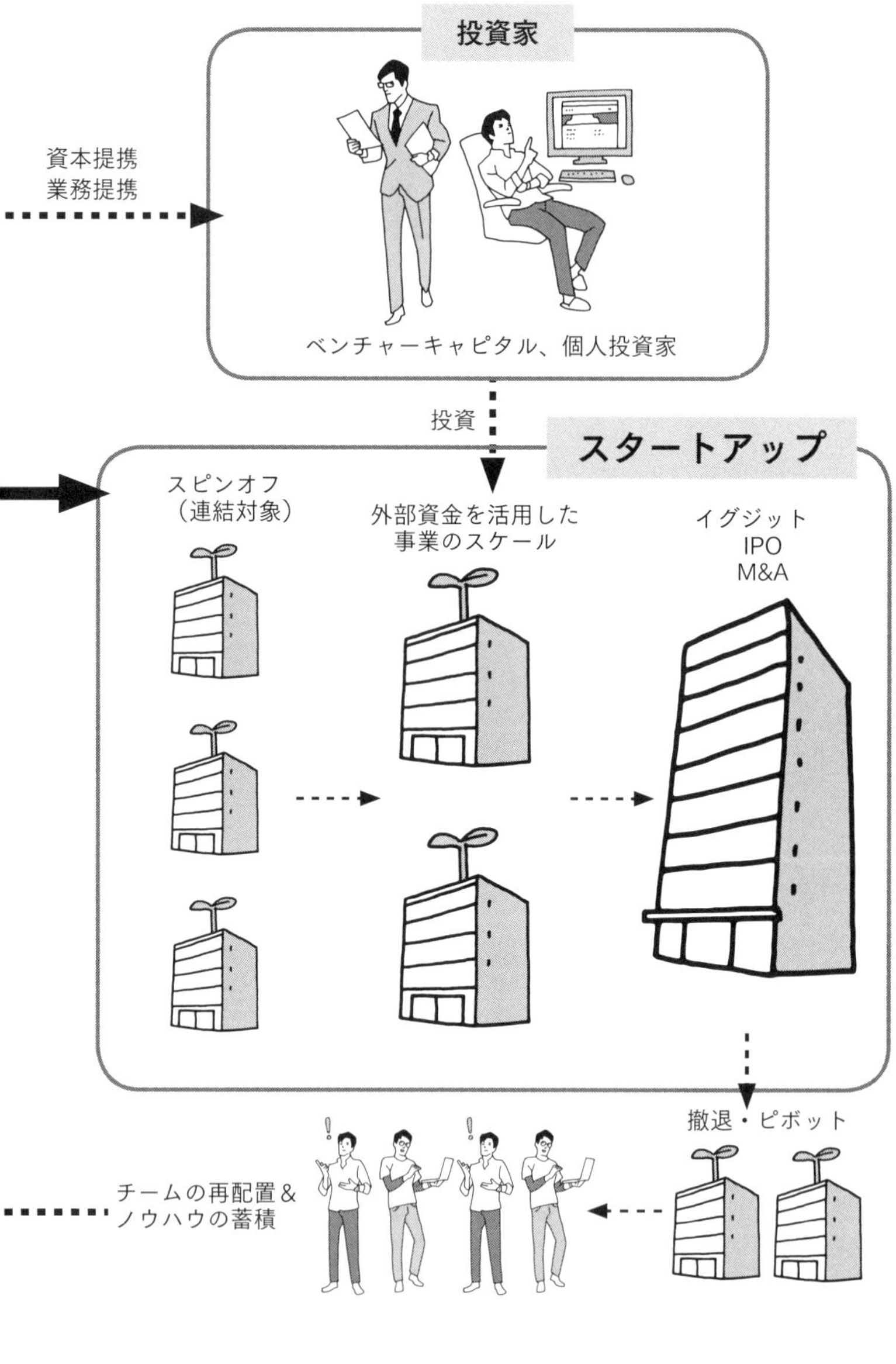
投資家
資本提携
業務提携
ベンチャーキャピタル、個人投資家
投資
スタートアップ
スピンオフ
（連結対象）
外部資金を活用した
事業のスケール
イグジット
IPO
M&A
撤退・ピボット
チームの再配置＆
ノウハウの蓄積

図2：スタートアップスタジオが生むエコシステム

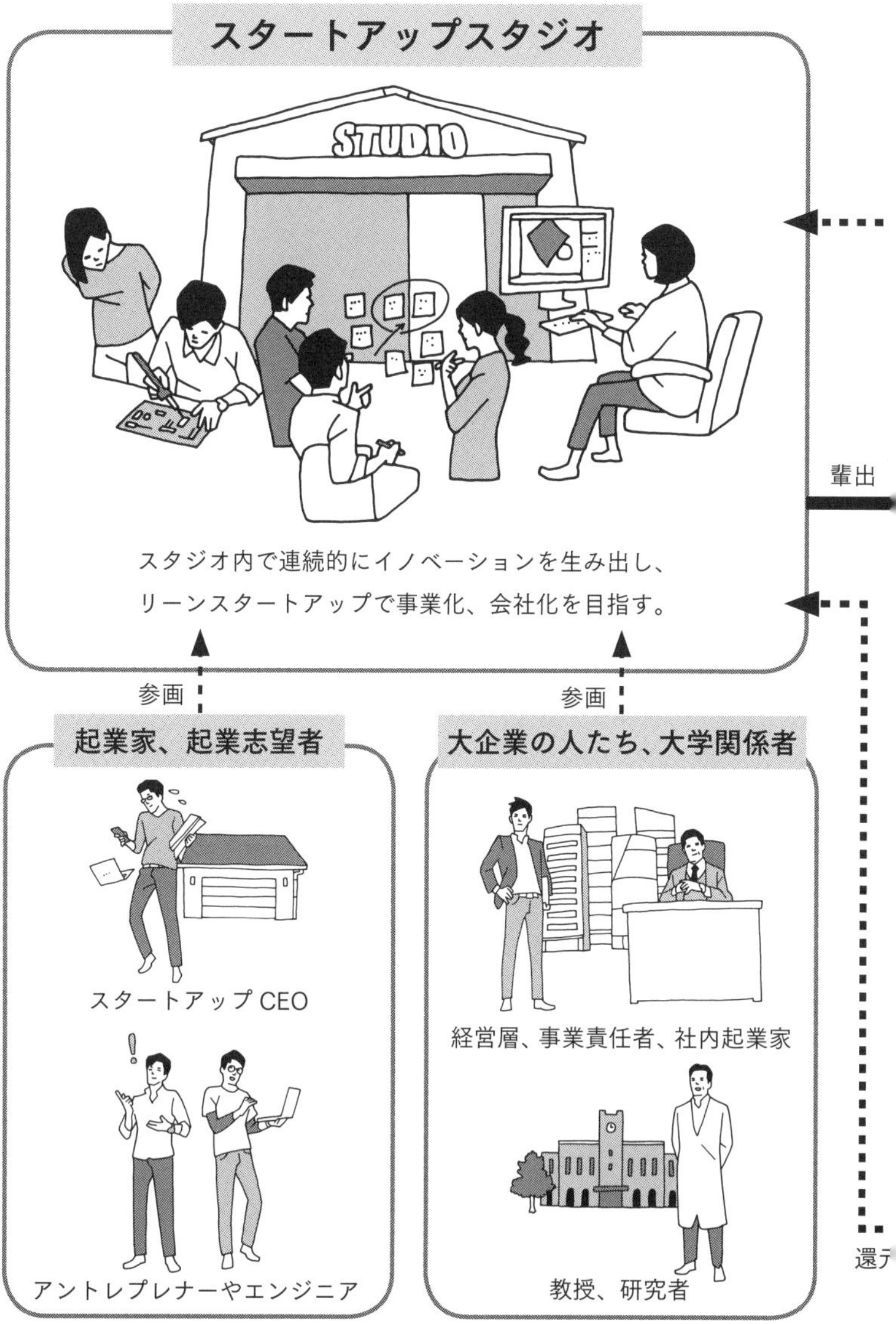

「守備範囲」を広げながら進化しているスタートアップスタジオ

スタートアップスタジオが起業やイノベーションのエコシステムに新陳代謝を起こし、主要なプレーヤーになれるかはまだまだ未知数です。亜種となり消え去る、または進化して違う形態に変形する可能性も十分あるでしょう。それでも、この数年で勢いを増しているのは事実です。

今や世界的に増殖するスタートアップスタジオですが、その代表格といえば、本書でも取り上げているベータワークス（Betaworks）、サイエンス（Science Inc.）、イーファウンダーズ（eFounders）などがあります。ニューヨークに拠点を置くベータワークスは、スマートフォン向けパズルゲームであるドッツ（Dots）のような商品をスタジオの中で生み出し、スタートアップとして立ち上げるだけでなく、スタートアップへの投資事業も行っています。さらにベータワークスは、Ｗｅｂ記事を保存してオフラインでも読めるようにするサービスのインスタペーパー（Instapaper）を買収し、その後に写真ＳＮＳのピンタレスト（Pinterest）へ売却するなど、スタートアップを買収・再生する事業でも成果を上げています。

ベータワークス以外で記憶に新しいところでは、サイエンスの傘下であった定額制のカミソリをECで販売するダラー・シェイヴ・クラブ（Dollar Shave Club）を、大手消費財メーカーのユニリーバが1000億円で買収したことが挙げられるでしょう。また2016年には、ハーバード・ビジネススクールが強力な卒業生ネットワークを活用したHBSスタジオをニューヨークに組成しました。

興味深いのは、イノベーションを生み出すべく新規事業開発に「待ったなし」の大企業も、独自のスタジオを組成し始めていることです。本書の九章でも説明していたように、例えば保険業界大手のアクサ（AXA）は「保険テック」領域のスタートアップを立ち上げるためにキャメット（Kamet）を組成。自動車メーカーのジャガー・ランドローバー（Jaguar Land Rover）も、モビリティ・スタートアップ創出のためにインモーション（InMotion）を立ち上げています。

さらに最近では、AI、すなわち人工知能に特化したスタジオもいくつか組成されています。グーグルはGV（元グーグル・ベンチャーズ）、キャピタルG（Capital G。元グーグル・キャピタル）、グラディエント・ベンチャーズ（Gradient Ventures。人工知能に特化した創業期のスタートアップに投資する専門VC）という実に多彩な自社のコーポレート・ベンチャーキャピタルと連携したローンチパッド・スタジオ（Launchpad Studio）を組成しました。

このAIに特化したスタジオでは、グーグルが持つデータセットやシミュレーションツールの提供、およびプロトタイプ開発支援だけでなく、グーグル社内のエンジニア、プロダクトスペシャリストなどの人的リソースも活用できます。こうして人工知能を活用したスタートアップを生み出し、スケールさせる取り組みを進めているのです。

また、エバーノート（Evernote）の元CEOであるフィル・リービン氏が2017年に立ち上げた、AIに特化したスタジオのオール・タートルズ（All Turtles）も注目を集めています。

これらのスタートアップスタジオは、組織形態も事業を生み出す方法論もさまざまですが、「スタジオ内にあるリソースと蓄積したデータとノウハウを駆使しながら、次から次へとイノベーティブなプロダクトを立ち上げていく新しい組織形態」であることに変わりはありません。スタジオ・モデルは今後も勢いをさらに強め、国内外で増加していくでしょう。

スタジオはリーン・スタートアップの理論を「補完」する存在に

スタートアップでは、はじめにアイデアがあり、ベータ版の商品を作り、ベータ版で顧客を発見することが肝心です。そして顧客のフィードバックからマーケットニーズ＝データを獲得し、獲得したデータから組織的に修正ポイントを学習することで商品を改良していきます。そうやって導き出したＫＰＩ（事業経営における中間指標）をにらみながら、成長と資金調達を目指すというのが勝利の方程式です。

このリーン・スタートアップの公式のおかげで、起業はよりサイエンスに近づきました。近年、この方程式はスタートアップだけでなく、大企業の社内起業家たちや新規事業開発チームからも注目され、リーン・スタートアップはプロセスイノベーションとして世界中の企業で採用されています。

しかし、問題はこの方程式を援用するだけでは、ひと握りの恵まれた起業家以外、事業をスケールさせていくのが難しいという点です。シリコンバレーのような潤沢なリスクマネーが集中する肥えたエコシステムの中ですら、方程式を駆使しても「死の谷」を越えるのが難しいのです。シリコンバレー以外の発展途上にあるエコシステムでは言うまでもありません。

本書でも示唆されていたように、よくある失敗の原因は以下の通りです。チームにエンジニアやデザインに必要な能力が不足していた、顧客開発や営業をするマーケティング部隊の人員が足りなかった、参入した産業で事業を拡大するノウハウが足りなかった、流通網が不十分だった、オフィスやオペレーティング費用を含め会社化するためのコストが高すぎた、開発の外注などでバーンレートが高く資金繰りができなくなった……。人的リソースや事業ノウハウ、インフラ、資金面での問題が多すぎるのです。大企業の社内起業家でも、失敗の原因はおおむね同じでしょう。

スタートアップスタジオがシリコンバレーだけでなく、特に発展途上のエコシステムにおいて勢いを増している背景にあるのは、こうした人的リソースや事業ノウハウ、インフラ、資金面での問題を組織的に解決しようとしているからです。スタートアップスタジオであれば、起業の成功確率を上げるために必要な経験とスキルを持ったメンバーを組織的に集めることができ、失敗体験やノウハウを蓄積しながら、連続的かつ同時多発的に多くの商品アイデアをマーケットの中で試すことができます。

つまりスタートアップスタジオは、起業がより積極的に行われているこの時代に、起きるべくして起きた組織的なイノベーションといえるのではないでしょうか。

それでは、このスタートアップスタジオは起業やイノベーションのエコシステムをどう変えていくのでしょう?

特に米国では、起業やイノベーションのエコシステムを担う支援側のプレーヤーとして、VCや大企業のコーポレート・ベンチャーキャピタル（CVC）、アクセラレーターの存在が注目されてきました。

日本でも、近年は銀行系のみならず独立系のVCが活発化し、若手のベンチャー・キャピタリストも活躍しています。また、楽天やグリー、グミ（gumi）、GMOインターネット、LINEのようなIT企業だけでなく、KDDI、NTTドコモ、三井不動産、オムロン、リクルート、朝日放送、資生堂など幅広い業種の大企業がCVCを組成し、日本では国内VCファンドの設立総額に大きく貢献するまでに増えています。

米国では、大企業の組成するCVCがVCファンド総額の1割前後に上っているといわれていますが、日本国内では、直近の2016年で、CVCが組成したファンド総額が、金融系VC、独立系VCの各ファンド総額に匹敵するまでに成長しています。これは、オープンイノベーションに力を入れる日本の大企業が、スタートアップへの投資に本腰を入れ始めたということの表れでしょう。今後も日本国内の大企業によるCVCの設立は増加すると思われます。

このCVCやVCとスタジオが組むことで、加速度的にその地域のエコシステムを活性化するのはおそらく間違いありません。VCやCVCからしても、数の少ないスタートアップを探すソーシング活動に労力をかけるだけでなく、自らスタートアップを生み出す活動に参画してみることで、エコシステムに新陳代謝を起こせるかもしれません。

本書の表1にある、アッティラ・シゲティ氏が分析した「スタジオ傘下の最も成功した23

のスタートアップ」と、「トップクラスのアクセラレーターが輩出して成功した21のスタートアップ」を比較したリサーチによると、スタジオ傘下のスタートアップにおける平均的な資金調達額は約1億400万ドル（1ドル100円換算で約104億円）に到達しているそうです。現状ではスタジオの歴史が浅い分、Yコンビネーター（Y Combinator）やテックスターズ（Techstars）、500スタートアップス（500 Startups）など世界トップクラスのシード・アクセラレーターが生み出したスタートアップの資金調達額（約2億1400万ドル）には遠く及びません。しかし、Yコンビネーターが輩出したエアビーアンドビー（Airbnb）とドロップボックス（Dropbox）の2社が、この資金調達額の平均を大きく引き上げているというのも事実です。この点を踏まえて表1の比較を見直してみれば、スタジオの持つ可能性を示唆している内容だといっても過言ではありません。

日本の大企業を救うのもスタジオかもしれない

先ほど「CVCやVCとスタジオが組むことで、加速度的にその地域のエコシステムが活性化する」と書きましたが、CVCと連動したスタジオとは、先に書いたグーグルの取り組みに近しい形になります。他にも、先述のアクサの例のように、欧米でいくつか注目するべき取り組みが始まっています。

新規事業開発が急務とされる日本の大企業には、技術や人的リソースが豊富にあります。このリソースを活用してコーポレート型のスタートアップスタジオを組成していくことで、モノづくりや製造のノウハウが再び活性化するのではないか？と思うのです。

例えば自社のエンジニアが「自社技術を活用したプロダクトを作る」→「自分のプロジェクトとして成功・失敗する」→「獲得したノウハウをスタジオで複数のプロジェクトに還元する」→「新たな学びを得る」というサイクルの中で能力を発揮できれば、立派なコーポレート・スタートアップスタジオが誕生するでしょう。そして、エンジニアが作った商品で事業化できそうなものは、ＣＶＣから投資をすればいいのです。

エンジニアが経営者タイプでなければ、客員起業家を外部から招聘して、事業を背負ってもらうこともできるでしょう。このサイクルを連続して、かつ同時多発的に回していくことで、大企業の新規事業開発は飛躍的に加速するはずです。

このように、国内外で自社とマッチする数少ないスタートアップを探すだけでなく、自社の持つ技術や人的リソースを活用しながらスタートアップを連続的に生んでいくことで、大企業でもオープンイノベーションを促進できるのではないでしょうか。

オープンイノベーションという概念の生みの親であるヘンリー・チェスブロウ博士は、

「オープンイノベーションは昔からある産業で成功している。それはハリウッドだ」と述べています。多彩な才能を持ったプロが集い、作品をクラフトし、配給し続け、巨額のマネーを生み続けているハリウッドの映画スタジオには学ぶところが実に多いのです。

オープンイノベーションが単なる「他企業の人との出会いを促すマッチング・プログラム」になりつつある日本国内において、大企業が組成するCVCと連動したコーポレート・スタートアップスタジオを立ち上げていくことで、本当の意味でイノベーションの加速化ができるはずです。

組織的なイノベーションを可能にするスタートアップスタジオからは、老若男女、多くの社内起業家が生まれるでしょう。そうすれば、日本独自のイノベーション・エコシステムを構築することにもつながっていくのではないか。私はそう考えています。

およべ・ともひと

TBWA博報堂の経営企画にて次世代広告会社の事業計画を数多く経験した後、新規事業開発・事業投資組織であり、本格的なスタートアップスタジオを目指すQUANTUMを創業。代表取締役副社長に就任。客員起業家として人工知能×スポーツデータを提供するスタートアップ、Sports AIの代表取締役社長兼CEOを兼務。博報堂DYホールディングス社内ベンチャー制度審査員、京都大学起業家教育プログラム（GTEP）講師など歴任。東工大研究科長賞を受賞。

日本におけるスタートアップスタジオの現状と活動内容

株式会社QUANTUM　代表取締役社長兼CEO
高松　充

欧米では急速に存在感を増しているスタートアップスタジオも、日本ではまだまだ知名度は高くありません。しかし、自らを「スタートアップスタジオ」と定義しているか否かの違いはありますが、ここ日本でも、ミスルトウ（Mistletoe）やデジタルガレージ（Digital Garage）、ビーノス（BEENOS）など、イノベーションシーンをけん引するスタートアップスタジオ（的な会社・組織）の活躍が昨今、目立ち始めたのも事実だと思います。

「未来のビジネスを起動させよう」

これは、私がCEOを務めるスタートアップスタジオ「クオンタム（QUANTUM）」のビジョンです。本書で紹介されている欧米のスタートアップスタジオの先駆者たちと同じく、「同時多発的に複数の企業を立ち上げる組織」と自らを定義しています。

この解説文を書いている2017年時点では、日本もオープンイノベーションやアクセラレーターがちょっとしたブームになっています。このこと自体は悪いことではないのですが、自前主義にこだわらないオープンイノベーションという仕組みも、大企業とスタートアップが共創してWin－Winの関係構築を目指すアクセラレーターという仕掛けも、事業創造というゴールに向けた幾多ある選択肢の一つであるということを忘れてはならないと思います。今の日本に必要なのは、イノベーションをバズワードやブームで終わらせない具体的な成果の創出。つまり、世の中を豊かに、生活を便利で楽しくしてくれる新しい製品、サービス、事業を連続的に立ち上げることだと私は考えています。

エスタブリッシュメントの逆襲

日本でイノベーションが起こらない元凶は、過去の成功体験にとらわれ、既存のビジネスを守ることに執着し、がんじがらめの社内ルールにしばられて新たな挑戦に消極的な大企業にあるという声をよく耳にします。確かに、活躍が目立つスタートアップに比べると、大企業発のイノベーションの話題は多くはないかもしれません。

グローバルでは、イノベーションの創出に関する状況は着々と変化しています。あえてイノベーションの歴史を区分すると、個人の発明家が活躍した第1期、大手企業の基礎研究所が中心だった第2期を経て、ベンチャーキャピタリスト（ＶＣ）の支援を受けたスタートアップが登場したのが第3期となります。そして現在は、イノベーションの担い手であるスタートアップやＶＣのやり方が大企業に逆流する第4期を迎えています。

ゼネラル・エレクトリック（ＧＥ）などに代表される欧米の大企業は、イノベーションが低コストかつスピード勝負になるにつれ、オープンイノベーションへと大きく舵を切りました。そしてスタートアップと共創することで起業家やＶＣから経営手法を学び、古い衣を脱ぎ捨て、自らを進化させました。大企業もリーン・スタートアップやコーポレート・ベンチャーキャピタル（ＣＶＣ）といった起業家的な手法を採用することで、大企業独自の強みを活かしたイノベーションが増加していく流れがグローバルでは出てきています。

日本企業も、これ以上遅れを取るわけにはいきません。硬直化し、時代に取り残されそうになっていたエスタブリッシュメント（大手企業）がイノベーションの担い手から経営手法を謙虚に吸収することで、逆襲できる環境が整ったのです。

毎年２００社以上の大企業でイノベーション担当者の方々とお会いし、30以上の新規事業プロジェクトを一緒に立ち上げている我々は、日本企業も変わりつつあることを実感しています。そして、「大企業も変わらなきゃ」と立ち上がった同志の皆さんに私が最初にかける言葉、それが「エスタブリッシュメントの逆襲を一緒に起こしましょう」というエールです。

古いデータで恐縮ですが、２０１１年の「フォーチュン５００」に選ばれた企業の41％は、移民一世、または二世によって創設された企業です。近年、この比率はますます高くなっているのではないでしょうか。つまり、米国のイノベーションをけん引しているのは移民の存在だといえます。一方、この状況を日本で期待するのは現実的ではありません。

では、日本のイノベーションをリードするのは誰なのでしょう？ 異論・反論は大いにあろうと覚悟しますが、私はあえて申し上げます。それは、大企業（エスタブリッシュメント）であると。

昨今、スタートアップに優秀な人材が流れ、そこから優れた技術、製品・サービスが数多く生み出されていますが、まだまだ日本においては、人材、技術、資金、ブランド、顧客、チャネルなどのイノベーションに必要な資産は大企業に集中しています。大企業がこれらの豊富な資産を活かし、スタートアップと共創することで、どんどん新しい事業を生み出していく。これこそが、エスタブリッシュメントの逆襲であり、日本発・世界初のイノベーションの原動力であると信じています。

QUANTUMは、エスタブリッシュメントの逆襲をサポートする複数のプログラムを提供しています。ここでは、その一例をご紹介させていただきます。

■プログラムその1：出島

大企業がイノベーションを起こす上での最大の障害として本書でも紹介されている「既存の企業文化」を持ち込まず、独自のルールで事業を運営する〝出島〟をつくるサービスです。出島に必要な人材、ノウハウ、場所は、QUANTUMが提供します。本書の九章で紹介されているコーポレート・スタートアップスタジオの役割をQUANTUMが担っているといえます。

■プログラムその2：EIR

EIR（客員起業家制度）とは、Entrepreneur in Residence、またはExecutive in Residenceの略称です。文字通り、起業家や起業経験者を外部から招き入れ、その人材に自社の新規事業開発に参画してもらったり、自社が保有するリソースを全面的に開放して起業を促す取り組みになります。

2007年ごろからネットワーク機器大手のシスコ（Cisco）やグーグル・ベンチャーズなどが取り入れ、成果を上げたことで有名です。既存のビジネスを運営することには長けているが、新規事業開発を担うイノベーション人材がいないという企業のニーズに応え、QUANTUMは客員起業家のリクルーティングから客員起業家をサポートするイノベーションチームの組成、具体的な新規事業開発支援までを提供しています。

■プログラムその3：アクセラレーター

アクセラレーターについての詳細な説明は割愛させていただきますが、一部のアクセラレーター・プログラムが、参加するスタートアップの数を競ったり、デモデーの演出に傾注しがちな中で、我々が重要視しているのは異なる点です。つまり早期の事業化と、大企業とスタートアップ、そしてQUANTUMの三方よしの実現です。

■プログラムその4：スタートアップのスケール支援

QUANTUMは大企業の新規事業開発に特化しているわけではありません。スタートアップに対し、ブランディング、マーケティング、プロモーション活動の実施支援から財務的な支援までを提供しています。

「スタジオチーム」で働く人たちの仕事ぶり

最後に、ここで説明してきたプログラムを活用しながら、QUANTUMの中で新しい事業を創出しているスタジオチームの仕事ぶりを紹介します。我々の取り組みを現場の実務レベルまでお伝えすることで、これからスタートアップスタジオを始めようと考えている方や、スタジオに入って新たな事業を生み出したいと考えている人の一助となれば幸いです。

ここでは5つの事例とチームメンバーへのインタビューを通じて、具体的に何をやっているのかを紹介していきます。

事例1

ポータブル水浄化システムを開発するスタートアップ『ウォータ（WOTA）』

「僕らがやっているのは、アイデアを形にして世の中を変えたいと考えている起業家の情熱と、世の中が本当に求めているニーズとの間をつなぐこと。その過程では、デザイン・エンジニアリング・ストーリーテリングという3つの知見が必要になります」

こう話すのは、QUANTUMで各種開発・クリエイティブ支援を行っているDECs（デザイナー・エンジニア・クリエイターの頭文字を取った名称）チームを率いている原田朋です。

彼とウォータ（東京大学大学院の院生たちが設立したスタートアップ）が現在行っている

のは、既存の上下水道システムに頼らない「無断水・無節水社会」を生み出すという壮大な取り組みです。具体的には、独自のアルゴリズムで浄化フィルターを使い分けるポータブル水浄化システム『RAINBOX』を開発しています。

利用が想定されるケースはさまざまです。例えば少量の雨水さえ確保できれば、それを浄化しつつ、使用後の排水をも浄化して利用し続ける循環型の簡易シャワーが実現できます。これは登山やキャンプといったアウトドアでの利用はもちろん、災害発生時の避難所で非常用シャワーとして展開することも可能です。こうした潜在的なニーズを掘り起こすために、着々と製品化を進めています。

東大の大学院を出て間もなく会社を立ち上げたウォータの面々は、原田と出会った当時、自分たちが研究してきた水処理技術を活用するためのビジョンを言語化できていなかったといいます。とあるスタートアップイベントで彼らと出会った原田は、企業としてのビジョンを一緒に再考しつつ、それを「ブランド紹介ムービー」にまとめました。まさに「情熱を世の中のニーズとつなぐ」部分から手をつけたのです。

起業家が思いありき、技術ありきで製品を作ってみたものの、ユーザーメリットや、どんな課題を解決したいのか？という点をマーケットにうまく伝えられず、失敗してしまうケースはままあります。

「そこで我々が、起業家の情熱とアイデアを、ユーザー目線で、ユーザーの使いやすい形にブラッシュアップするお手伝いをしてきたのです」

スタジオがアクセラレーターと決定的に違うのは、企業ビジョンの整理から事業計画の策定以外に、実際に手を動かす工程、つまり製品開発にもコミットする部分だというのは、本書を読んできた方ならもうおわかりでしょう。QUANTUMも、コピーライター出身の原田がウォータのブランド設計やアートディレクションに携わる一方で、ソニー出身のハードウエアエンジニアが〝客員ハッカー〟としてデバイス開発に参加するなどして、日々製品を進化させています。

さらに、原田が共に作り上げたブランド紹介ムービーは、ウォータが投資家から資金調達をする上でも大いに役立っているそうです。

「起業家が投資家にピッチをする際の資料作成を手伝うようなこともあります。ここまで一緒にやる理由は、僕らのポリシーが『良い製品を生み出す企業をつくる』というものだから。製品開発やブランディングを外部から支援するのではなく、企業の内側からさまざまな価値を引き出し、創造するのがスタジオチームの役目なんです」

事例2
スマートホームの統合IoTソリューション『エニィホーム（ENY Home）』

次に紹介するのは、QUANTUMがパナソニックAIS社と共同で開発した「あらゆる家電とつながるサービス」エニィホームについてです。

近年、鍵の開け閉めやエアコン、照明機器などのオン・オフをスマートフォンで遠隔操作する家庭用IoT製品が注目を集めています。ただ、現状はそれぞれの製品を異なる企業が提供する形になっており、自宅をオールスマート化しようとすると、操作や管理が煩雑になってしまうという課題がありました。

そこに着目したパナソニックとQUANTUMは、モノを動かした時に生じる振動で微弱な電気を発生させる「エナジーハーベスター」という技術を用いて特殊なボタンを開発。その上で、さまざまな家庭用IoT製品を連携して操作できるシステムを構築し、ボタン一つで家電製品を統合管理するソリューションを提供しています。

エニィホームの事業展開を担っているのは、QUANTUMでスタートアップスタジオの創設に携わり、現在は子会社となるQUANTUMグローバルのCEOを務める井上裕太です。彼は、エニィホームの企画段階から、現在行っている北米でのテストマーケティングまでを一手に引き受けています（2017年8月時点）。

「パナソニックの方々と初めてお会いしたのは、とあるハッカソンでした。その後QUANTUMのメンバーと一緒にワークショップを行い、いくつかの新規事業を企画・検討した際に出てきたのが、エナジーハーベスターの基礎技術でした」

井上は「とてもユニークなテクノロジーだ」と感じたものの、パナソニック社内では「どう製品化すればいいかが見えない技術だと思われている」という課題があったといいます。実はこのワークショップの際、他にも社内で眠っている技術が複数あることがわかり、それらを駆使してエニィホームの原型を含めた7つの製品アイデアを考えたそうです。

そして、ここからが井上らスタジオチームの真骨頂でした。

大企業による新規事業の立ち上げ時は、外部への情報発信やイベントへの出展を通じたターゲットユーザーへのヒアリングなどでリーンにアイデアを検証しようとしても、社内の稟議やさまざまな部署との調整に時間を取られてしまうことが多々あります。そこでこの時は「パナソニックの新規事業」としてではなく、QUANTUMがパナソニックから技術提供を受ける形で素早く製品のプロトタイプを開発。その後すぐにサウス・バイ・サウスウェスト2016（注：アメリカのテキサス州オースティンで毎年行われるインタラクティブフェスティバル。SXSWと呼ばれ、国内外のスタートアップが集結して製品発表を行っている）に参加することを決め、開発したプロトタイプをユーザーになりそうな個人や企業に利用してもらいながら改善に向けたフィードバックを得ました。

企画後、プロトタイプの開発、そしてＳＸＳＷへの参加までに要した期間は約２カ月。一般的な大企業の製品開発ではあり得ないようなスピード感でプロジェクトを進行できた理由を、井上はこう語ります。

「一緒にプロトタイプ開発に取り組んでくださったパナソニックのエンジニアの皆さんがとても優秀で、そこにQUANTUMがスタジオとして蓄積してきたプロトタイピングとストーリーテリングの知見を組み合わせることで、高速で試作品開発～ユーザーヒアリングを完遂することができました」

こうして一連のプロセスをやりきった結果、エニィホームのアイデアが最も事業化するに足ると判断した両社は、スマートホームの統合ＩｏＴソリューションに進化させて本格的に事業展開することを決断します。

別会社を立ち上げて北米でテストマーケティングを行うことにしたのは、各種の家庭用ＩｏＴ製品が比較的普及しているサンフランシスコ～シリコンバレーを中心に有料でサービスを展開することで、よりリアルなユーザーフィードバックを得るためです。パナソニックとの共同事業ということで、同社のエンジニアにも参画してもらいながら、ソリューションとしての価値を高めるべく奮闘しています。

「このケースでは、我々がイノベーション創出の〝出島〟をつくった形です。大企業では、既存事業に最適化された意思決定と決裁の仕組みが新規事業開発の妨げとなることが少なくありません。新規事業に合わせたルールや予算調整の仕組みを持った出島により、早期にユーザーと深く対話する機会を持ち、俊敏に事業を設計・構築していくことは大きな意味を持ちます」

この〝出島〟が成功を収めた場合は、大企業側が事業全体を買い戻すこともできます。このような座組みは、大企業が有する「優れているけれど製品化しづらかった技術」を有効活用する意味でも興味深いものになるでしょう。

事例3
お風呂で聴くオーディオブックサービス『フロミミ（Furomimi）』

企業が継続的に成長していくには、現在、事業展開しているマーケット以外の領域で新規事業を生み出し、新たな収益源を確保しなければならないというケースがあります。そして、規模の大きな基幹事業を有する企業には特に、新しい価値を提供し、事業を成長させていこという思いがあります。

東京ガスとITベンチャーのオトバンク、そしてQUANTUMによる3社間の共同サービスであるフロミミは、こうした大企業の思想を出発点にしています。

これは、オトバンクが運営する〝耳で楽しむ読書〟オーディオブックの配信プラットフォーム『フィービー（FeBe）』を利用して、入浴時間という特定のシーンに適したコンテンツを提供することで、新たな入浴時間の楽しみを創るサービスです。

誕生のきっかけは、「エネルギー自由化」を目前にした時期に、東京ガスの新規サービス検討をミッションとする部門からQUANTUMのジェネラルマネージャー前原双葉の元に相談が来たことでした。エネルギー市場の自由化が進み、競争の激化が想定される中、東京ガスを利用するユーザーのロイヤリティを強化しつつ、新規サービスメニューを拡充することが求められていたからです。

「そこで東京ガスの持つアセットの棚卸しから共に始めて、それに基づく複数のサービスアイデアをご提案しました。その結果、東京ガスのシンクタンク『都市生活研究所』が長年にわたり研究してきた入浴に関する知見をベースにして、入浴時間の新しい楽しみ方を提供するサービスを開発しようとなったのです。スマートフォンの普及に合わせて急成長しているオーディオブックサービスの日本トップシェアを持つオトバンクと組み、お風呂でオーディオブックを楽しむという新たな入浴体験を提供しようというアイデアです」

フロミミのサービスコンセプト開発や事業計画は、QUANTUMが中心となって3社で進めました。欧米のオーディオブック市場規模に比べ、日本はまだこれから、さらなる成長の余地が期待される市場です。オトバンクとしても、これまではサービス自体の普及・拡大を主眼としてきたため、シーンに合わせたきめ細やかなコンテンツ開発や利用提案までは十分にできていませんでした。スマートフォンの普及で急拡大する市場機会に対し、新たな提案性をオトバンクも検討していたタイミングでした。前原が提案した東京ガスとオトバンクのジョイントプロジェクトは、入浴に関する知見を立脚点とした新たなサービスメニュー拡充と、オーディオブックのさらなる普及という、両社の異なるニーズを「融合」することで成立しています。

このプロジェクトでは、主に入浴に関する知見の提供とプロモーションを東京ガスが行い、企画と統括推進をQUANTUMが担当。サービス運営はオトバンクが担うという役割分担で、収益も3社間でシェアされます。大企業が望む「新たな事業アイデアの獲得」と、ベンチャーの少ないリソースではなかなかできない「大規模なマーケティング」を、組み合わせの妙によって実現する取り組みです。

こういう取り組みは、往々にして大企業とベンチャー間に生じる「社内文化や仕事の進め方の違い」によって遅々として進まないケースもありますが、QUANTUMが推進役を務めることで、お互いの長所をうまく引き出しています。

例えば、入浴時だからこそ楽しめるオリジナル作品の企画では、QUANTUMが推進役として東京ガスと共にアイデア創出を行い、リラクゼーションやストレッチなどの具体的なコンテンツ案を策定しました。実際にコンテンツを制作する部分は、専任チームを持つオトバンクに託しつつ、作品制作に向けたコンテンツパートナー（著者・監修元）の選定や交渉、クオリティコントロールなどをQUANTUMが主導するのです。

前原は、この3社によるパートナーシップのメリットをこう語ります。

「東京ガスの各方面へのネットワークや暮らし関連の知見、ブランド力、オトバンクのサービス運用やコンテンツ制作ノウハウは文字通りの強みになっています。ただ、それらに加えて、QUANTUMは『外部のコンサルタント』ではなく『共同体』としてさまざまな事業開発を通じて蓄積してきた知見を活かして一緒にプロジェクトを進められるため、サービス開発のステップを細かく握り合って進めることができます。これこそが、我々のようなスタジオを利用するメリットの一つなのだと思っています」

事例4
AI×ビッグデータによるスポーツエンターテインメント『ワープ（WARP）』

次に紹介するのは、QUANTUMが企画・開発した人工知能とビッグデータで生み出す全く新しいスポーツエンターテインメントサービスについてです。

ワープは世界初のサッカー戦況予測ＡＩ（人工知能）を搭載した、ＡＩサッカーシミュレーションメディアです。現在はＪリーグの戦況予測をするメディアとしてサービスを展開しています。

このサービスは、QUANTUMの代表取締役副社長でもある及部智仁が2015年ごろに論文として発表しようしていたアイデアから生まれました。及部がさまざまな大学の先生たちと話をする中で、「査読論文にするよりも、先にモノを作ってしまった方が面白いかもしれない」と思い立ち、彼のサイドキック・プロジェクト（かつて日本メーカーの社員が業務時間外に好きな開発をやっていた「闇研」のようなもの）として平日の夜や土日に研究をしながら開発してきたそうです。

私もこのプロジェクトの成り行きを見守っていたのですが、後に興味深い展開を見せます。アイデアのユニークさもあってか、世界トップクラスの人工知能研究者や経済産業省管轄の

ＩＰＡ未踏スーパークリエータに認定された天才プログラマー、スポーツ・アナリティクスの研究者などが開発協力を申し出てくれたのです。

こうしてワープは２０１６年ついに完成。さらに、２０１７年春には株式会社Sports AIという名のスタートアップとしてスピンアウトもしています。

この会社の代表取締役社長兼ＣＥＯも兼務することになった及部はこう話します。

「ワープがユニークなのは、実際のサッカー選手のデータを人工知能に学習させることで、本物の選手の動きを模倣しようとしているところです。過去の対戦成績からの回帰分析や、サッカーゲームのように『ある条件が成り立つ時、このアクションをする』と決まったルールベースでのプログラムでは、詳細な戦況予測はできません。サッカーの試合ではチームの全体戦術からポジション戦術、そして個人戦術へとすごく秩序立ったプレイモデルが形成されている反面、個人のミスや連携ミスで秩序立っていた動きに一気にカオスが起きるからです。だからワープは、誰もが踏み込んでいない未踏の研究領域に挑戦しているのです」

ワープがこの「未踏の領域」に挑戦できる理由の一つには、QUANTUMとグループ会社の関係にあるデータスタジアム株式会社との連携もあります。Ｊリーグの公認データを取り扱うデータスタジアムは、試合中の選手とボールの動きをとらえたトラッキングデータだけでなく、毎試合ごとに選手のシュート数やパス数、タックル数などのスタッツデータ（統計データ）をビッグデータとして保有しています。

ワープのチーフエンジニアである久保長徳は、「このビッグデータや、Ｊリーグの専門新聞エル・ゴラッソ（EL GOLAZO）とのリレーションを活用して研究開発できたことがワープの開発を加速させてくれました」と語っています。同じくワープの事業開発担当兼エンジニアの金子陽介も、開発での利点をこう話しています。

「エル・ゴラッソを出版している株式会社スクワッドさんのおかげで、チーム戦術の練習状況や怪我人、スターティングメンバー予想といった最新の取材情報を得ることができます。量的なデータだけでなく、こうした質的な情報もＡＩが学習できるようになったことで、予測精度の向上につながりました」

ワープはいまや、QUANTUMに所属している人工知能エンジニアやソフトウェアエンジニアだけでなく、ＵＩデザイナー、アートディレクター、クリエイティブ・ディレクター、マーケッターなど多くのメンバーがかかわるサービスになっています。スタートアップスタジオとして自社が生んだアイデアを形にして事業化に結びつけた好例です。

ちなみに、運営元となるSports AIの資金戦略については、QUANTUMの常務取締役兼ＣＯＯである伊東和弘が詳細を説明してくれました。

「ワープのケースでは、αバージョンのプロトタイプを開発する段階で外部の投資家から資金調達をしています。今は、この投資家の方が保有する株式会社という形でワープを運営しています。そこに客員起業家として及部が派遣され、経営全般をQUANTUMが受託するというビジネスモデルです」

この座組みは、イノベーション創出の事例としても非常にユニークです。また、今はαバージョンの試作段階でも、スケールする可能性のあるプロダクトであれば投資家から資金調達できる時代になっていることもわかります。この背景について、伊東は次のように分析しています。

「開発費用が一昔前に比べると非常に下がり、かつ、分厚い企画書でなく手に触れる試作品でプレゼンできる時代になったことが、イノベーションの民主化を加速させていると思います。ワープの物語は、発案者である及部の『好きこそ物の上手なれ』を地で行く成功例です。人は好きなものに対しては熱心に努力するので、仲間も集まり、成し遂げるための成長スピードが上がるのです。こういう点が、スタートアップスタジオの面白さと可能性なのだと感じています」

事例5
京友禅の老舗・千總のコスメ事業『キヌード（QINUDE）』

最後に紹介するのは、日本のスタートアップスタジオならではの取り組みといえる「伝統産業の復活」を支援する内容です。

1555年の創業という京友禅の老舗・千總（ちそう）は現在、QUANTUMとの共同プロジェクトとして立ち上げたスキンケアブランド・キヌードの一般販売に向けて準備を進めています。着物の老舗が生んだ商品らしく、純国産の絹から抽出したシルクアミノ酸や、国産の原料にこだわったスキンケア商品で、2016年秋からとあるデザインホテルのアメニティとして限定的に提供されています。

キヌードの製造を千總に提案し、最初の提供先をホテルに限定してみては？ と持ちかけたのは私、高松です。その際、先方にはこんなお話をしました。

「化粧品のマーケット規模は約2兆円といわれており、当然、大手化粧品会社をはじめとする競合も数多く存在しています。ですから、まずは観光客向けのインバウンド需要を狙うハイエンド商品として展開した方が、千總のブランドを活かしながら商品の価値を高められるのではないでしょうか。日本の伝統産業から生まれたスキンケア商品という神秘性は、お土産としても気に入っていただけるはずです」

一方の千總がキヌードのプロジェクトに参画することになったのは、本業である京友禅の製造において、ある課題に直面していたからです。着物の生産量減少や養蚕農家の高齢化により国内の養蚕農家は激減し、純国産の絹、そしてその絹を使った着物の製造を続けることが困難になりつつあったのです。

日本の美や経済発展の象徴ともいえる純国産の絹を守るためには、絹が着物以外でも収益源となり、養蚕を継続できる環境を整える必要があると考えていました。

そこで千總は、絹糸を選別する過程で「着物に使うには適さない」という理由により（品質が良いにもかかわらず）選別から漏れてしまった絹からシルクアミノ酸を抽出し、健康食品として販売する事業を始めました。しかし、千總の専門外の商材だったこともあり、プロジェクトは思うように進まず、今後の進め方を思案していました。

この話を聞いた私は、千總と養蚕農家、さらには日本の誇る伝統産業を再び活性化させるために協力を申し出て、先ほど説明した「ＥＩＲ」を採用することを決めます。

客員起業家としてその後の展開を主導したのは、QUANTUMの事業開発担当、伊丹沙友里です。彼女が千總から「ブランド」と「原料」を提供される形で、キヌードのプロジェクトを推進していきました。

私と伊丹は千總に何度も足を運び、すでにあったシルクアミノ酸の抽出技術を活かしてスキンケア商品を開発することを提案します。これまで着物の製造・卸を主力事業にしてきた千總が、全く異なるマーケットに商品を展開するのは非常にハードルの高い取り組みになりますが、QUANTUMが売上をシェアする形で販売戦略にもコミットすることで、課題を解消していきます。

伊丹はこの時の経験から、次のように話しています。

「大企業が新規事業を立ち上げる際に直面する壁はいくつかありますが、そのうちの大きな課題の一つである『人材育成の難しさ』をEIRであれば解消することができます。それにより、過去の延長線上には生まれないイノベーションを創出することができるのだと感じました」

紹介してきた5つの事例は、それぞれが異なる形の支援となっていますが、スタートアップスタジオが提供し得るリソースとナレッジを説明するのにふさわしいケーススタディといえるでしょう。今後、QUANTUMとしてより幅広い種類のサポートを提供できるようにしなければならないと自覚しつつ、我々の持っている知見が日本のスタートアップスタジオシーンを活性化させる起爆剤になれれば幸いです。

たかまつ・みつる

博報堂にて営業職、在米日本大使館駐在を経て経営企画職を経験。人材、ブランド、技術、チャネルなど、大企業が保有する豊富な資産を活かしたスタートアップとの共創により、日本独自のイノベーションを起こし続けたいとの思いから、QUANTUMを創業し代表取締役社長兼CEOに就任。「ミライニホンプロジェクト」「純国産の着物を守る絹甦プロジェクト」など、三方よしを実現するプロジェクトや世の中を楽しく、日々の暮らしを豊かにする製品・サービスの開発に取り組んでいる。好きな言葉は「New is better than good」。常に新しいことに挑戦し続けるためのモットー。『キャンペーンアジアパシフィック』から「ニュービジネス・ディベロップメント・パーソン・オブ・ザ・イヤー」を受賞。

金子陽介

（株式会社QUANTUM、株式会社Sports AI ワープ事業開発担当）

機械航空工学を専攻後、航空会社の技術職として航空機のエンジニアリング、外資系戦略コンサルティングファームで物流戦略策定やビジネスデューデリジェンスに従事。その後、Webベンチャーにてエンジニア兼マネージャーとしてサービス開発および開発受託を経験した後、QUANTUMに参画。Sports AIのワープ事業を担当。

伊東和弘

（株式会社QUANTUM 常務取締役兼COO）

1990年に博報堂入社。営業職として大手自動車メーカーや家電メーカー、音楽レーベル、省庁などを担当した後に退社し起業。ブランディングおよびデジタル系ベンチャー企業を自ら立ち上げ代表取締役に就任。その後、QUANTUMに参画し、現在は営業統括責任者を務める。

伊丹沙友里

（株式会社QUANTUM、QINUDE事業開発担当）

統合型マーケティングプランニングブティックにて、PRプランナーとして主に消費財、食品、サービス分野のPR戦略の企画・立案、コンテンツ制作、エグゼキューション業務に従事。2016年にQUANTUM参画後は、QINUDEの事業開発担当を務める。

QUANTUMの事例に登場したメンバー略歴

原田 朋

（株式会社QUANTUM CCO、Head of DECs）

博報堂、TBWA HAKUHODO、米ロサンゼルスのCHIAT DAYで、20年にわたってグローバルブランドのクリエイティブディレクション、コピーライティングを担当。2016年からQUANTUMに参画。ブランディングと新商品導入の経験を活かし、事業ビジョンや商品コンセプトを策定、エンジニアやデザイナーと協働してビジネスとして起動させていく。

井上裕太

（株式会社QUANTUM CSO、QUANTUM\GLOBAL Inc. CEO）

コンサルティング会社で経営コンサルタントとして従事後、フリーランスで新規事業創出支援や『WIRED』日本版の北米特派員などを経験し、2014年、QUANTUMに参画。現在は大企業およびスタートアップとの共同事業開発やイノベーション・コンサルティングなど、新規事業や事業を生む仕組みをつくり続けている。

前原双葉

（株式会社QUANTUM ジェネラルマネージャー）

博報堂にて営業、R&D局、クリエイティブ局に所属した後、博報堂DYグループの「エンゲージメントリング」モデル開発と普及に尽力。博報堂DYホールディングスにて社内新規事業提案制度「AD+VENTURE」を立ち上げ、運営・インキュベーション、事業会社へのエグジットをマネージャーとして統括。2015年よりQUANTUMに参画。

久保長徳

（株式会社QUANTUM、株式会社Sports AI チーフエンジニア）

博士（工学）。大学では遺伝的アルゴリズム、マルチエージェントシステム、人工知能の研究に従事。経済産業省の情報処理推進機構（IPA）認定の「未踏」採択者。

The ultimate success of startup programs requires a long term strategy and a safe place to fail
https://i-lab.harvard.edu/news/the-ultimate-success-of-startup-programs-requires-a-long-term-strategy-and-a-safe-place-to-fail/

The World's most creative business model strikes again
http://necrophone.com/2015/08/28/the-worlds-most-creative-business-model-strikes-again/

Twitter and Betaworks are teaming up in a new fund
http://techcrunch.com/2016/05/20/twitter-and-betaworks-are-teaming-up-in-a-new-fund/

Updated list of venture studios and startup foundries
http://bernardi.me/post/101192026840/updated-list-of-venture-studios-and-startup

Welcome to the Startup Factory
https://medium.com/@johnrampton/welcome-to-the-startup-factory-d2160edb343c#.3iofnrq8y

What is the typical business model of a Startup Studio?
https://www.quora.com/What-is-the-typical-business-model-of-a-Startup-Studio/answer/Rachel-Vanier

Wikipedia: Startup studio
https://en.wikipedia.org/wiki/Startup_studio

WTF is a Startup Studio anyway?
https://medium.com/spook-studio/wtf-is-a-startup-studio-anyway-e9d4440f24bb#.nuw7a97nd

Startup studios on the rise
https://medium.com/@aszig/startup-studios-on-the-rise-34ec5ad8310d#.3tzbazek6

The Big Startup Studio Study
https://gumroad.com/l/sssp1

The Next Big Thing You Missed: Tech Superstars Build 'Startup Factories'
https://www.wired.com/2014/11/startup-factories/

The Rise Of Company Builders
https://techcrunch.com/2013/02/16/the-rise-of-company-builders/

The Rise Of The Startup Factory
http://www.nibletz.com/startups/startup-factories/

The secret to Dollar Shave Club's success—and why I was an early investor
http://www.cnbc.com/2016/07/29/the-secret-to-dollar-shave-clubs-success-and-why-i-was-an-early-investor-commentary.html

The startup studio -a new model to set up companies?
http://www.adpartners-ventures.com/2016/01/04/the-startup-studio-a-new-model-to-set-up-companies/

The Startup Studio Model: What Are Venture Builders?
https://medium.com/@appnroll/the-start-up-studio-model-what-are-venture-builders-33f8d4961d38#.fo3i7nto0

The trend that'sshaking up the startup ecosystem: venture builders
http://www.geektime.com/2015/02/09/9-startup-factories-turning-technologies-into-awesome-companies/

Roli, Makers Of The New Seaboard Rise, Acquire betaworks-Backed Blend.io
https://techcrunch.com/2015/10/23/roli-makers-of-the-new-seaboard-rise-acquire-betaworks-backed-blend-io/

Sizing up the startup studio model: A look at eFounders, a company that builds companies
http://tech.eu/features/4280/startup-studio-europe-efounders/

So you're a Startup Studio... wait, what?
http://laicos.com/so-youre-a-startup-studio-wait-what/

Spanish startup studio Antai ups its game with €25 million investment fund
https://novobrief.com/antai-startup-studio-investment-fund/

Stanley Park Ventures Embraces Foundry Model, is Looking for Entrepreneurs
https://techvibes.com/2015/01/14/stanley-park-ventures-embraces-foundry-model-is-looking-for-entrepreneurs-2015-01-14

Start-Up as a Service: The Prehype Model
https://hbr.org/product/start-up-as-a-service-the-prehype-model/IES526-PDF-ENG

Start-up studio' Science helps entrepreneurs find a path to profitability
http://www.latimes.com/science/la-fi-science-inc-20150730-story.html

Startup Studio: the 3rd Co founder Model
https://medium.com/startup-studio/startup-studio-the-3rd-co-founder-model-7d00df86d48e#.amkq9i6ps

uxjlqkowt

More on Alphabet and the Startup Studio model
https://medium.com/@ryannegri/more-on-alphabet-and-the-startup-studio-model-c3d3ef9c113d#.83j4txmnb

On the Viability of the Startup Studio Model
http://mfishbein.com/startup-studio/

Organizing a Venture Factory: Company Builder Incubators and the Case of Rocket Internet
https://papers.ssrn.com/sol3/papers.cfm?abstract_id=2700098

Rocket Internet—A detailed look An analysis about Rocket Internet
https://medium.com/startup-foundation-stories/rocket-internet-a-detailed-look-da4302e887e4#.1p17mxsd1

Rocket Internet Portfolio Companies Show Continued Growth and Improvement in Profitability in 2015
http://rocketinternet.pr.co/126308-rocket-internet-portfolio-companies-show-continued-growth-and-improvement-in-profitability-in-2015

Rocket Internet Says Portfolio Companies Are Progressing Toward Profitability
http://www.wsj.com/articles/rocket-internet-says-portfolio-companies-are-progressing-toward-profitability-1464686019

Rocket Internet: What It's Like to Work at a Startup Clone Factory
http://thehustle.co/rocket-internet-oliver-samwer

Rocket Internet's Oliver Samwer Talks Cloning, Uber And New Frontiers
https://techcrunch.com/2015/12/07/rocket-internets-oliver-samwer-talks-cloning-uber-and-new-frontiers/

Innovation outposts: A growing element in Silicon Valley's dynamic innovation ecosystem
http://siliconvikings.com/blog/2015/4/6/innovation-outposts-a-growing-element-in-silicon-valleys-dynamic-innovation-ecosystem

Innovation outposts: A growing element in Silicon Valley's dynamic innovation ecosystem
http://siliconvikings.com/blog/2015/4/6/innovation-outposts-a-growing-element-in-silicon-valleys-dynamic-innovation-ecosystem

Investing at betaworks
https://medium.com/in-beta/investing-at-betaworks-3b16f1a2ecf8#.o2qqbhcu3

Jaguar Land Rover launches InMotion, a startup studio to build mobility apps and services
http://techcrunch.com/2016/04/11/jaguar-land-rover-inmotion/

L.A. Stories: Mike Jones and Peter Pham Talk About the Science of Tech Studios (Video)
http://allthingsd.com/20120404/l-a-stories-mike-jones-and-peter-pham-talk-about-the-science-of-tech-studios/

Making a splash with innovation outposts
http://www.enterprisegarage.io/2015/12/making-a-splash-with-innovation-outposts/

Manufacturing Serendipity in Startup Factories
https://techcrunch.com/video/manufacturing-serendipity-in-startup-factories/519622191/

Missing Stack A startup studio to disrupt industries to build successful tech companies.
https://medium.com/missing-stack/missing-stack-716de7df515e#.

what-co-founder-of-500-startups-new-business.html

How venture builders are changing the startup model
http://venturebeat.com/2015/01/18/how-venture-builders-are-changing-the-startup-model/?n_play=54bc32c3e4b0db092a29b3d4

How an ex-MySpace CEO helped turn Los Angeles into a startup hub
http://www.businessinsider.com/mike-jones-science-startup-studio-2015-2

How Idealab Builds Success. A Chat with EIR Lee Essner.
http://reyhanilaw.com/blog/how-idealab-builds-success-a-chat-with-eir-lee-essner/

How Much Influence Should a Startup Studio Have on the Companies It Creates?
https://www.reversevest.com/2015/02/how-much-influence-should-a-foundry-have-on-the-companies-it-creates/

How to Avoid Innovation Theater: The Six Decisions To Make Before Establishing an Innovation Outpost
http://steveblank.com/2015/12/08/the-six-critical-decisions-to-make-before-establishing-an-innovation-outpost/

How to Set Up a Corporate Innovation Outpost That Works
http://steveblank.com/2015/12/17/how-to-set-up-a-corporate-innovation-outpost/

Innovation Outposts and The Evolution of Corporate R&D
http://steveblank.com/2015/11/21/at-the-center-of-the-frenzy-innovation-outposts-and-the-evolution-of-corporate-rd/

Innovation Outposts in Silicon Valley –Going to Where the Action Is
http://steveblank.com/2015/12/01/innovation-outposts-in-silicon-valley/

a0a3041a2350#.1ocfbo6oi

eFounders Letter #2: Birth of a startup studio
https://blog.efounders.co/birth-of-a-startup-studio-b514be405574#.jp26jk6v2

eFounders Letter #4—Time to touch base
https://blog.efounders.co/efounders-letter-4-time-to-touch-base-1153eef3ca5a#.2qlk2gkbm

Expa Labs Will Nurture Tech Start-Ups a Few at a Time
http://mobile.nytimes.com/2016/03/31/technology/silicon-valley-entrepreneurs-set-up-hands-on-incubator.html

Expa raises $100m, launches Expa Labs
http://expa.com/news/100m_labs/

Funding fuels success; it's not success: Venture builder John Fearon
https://e27.co/funding-fuels-success-not-success-venture-builder-john-fearon-20151103/

German fintech company builder FinLeap raises €21M at €121M valuation
https://techcrunch.com/2016/06/13/finleap-of-faith/

Giphy Closes $55 Million Series C atA $300 Million Post-Money Valuation
http://techcrunch.com/2016/02/16/giphy-closes-55-million-series-c-at-a-300-million-post-money-valuation/

Here's a peek into New York's only female-led startup studio
http://uk.businessinsider.com/heres-a-peek-into-new-yorks-only-female-led-startup-studio-2015-7

Here's what co-founder of 500 Startups new business lab wants to find
http://upstart.bizjournals.com/companies/startups/2016/07/15/heres-

Betaworks' botcamp wants to give 10 chatbot startups $200k
http://techcrunch.com/2016/04/11/betaworks-botcamp-wants-to-give-10-chatbot-startups-100k/

BizBreak -Venture builders
https://soundcloud.com/acexperts/bizbreak-venture-builders

Can Founders Effectively Manage Multiple Startups Simultaneously?
https://www.linkedin.com/pulse/why-do-investors-insist-120-attention-from-founders-rey-tamayo

Can the studio model build a billion-dollarcompany? Santa Monica's Zuma Ventures is the latest to try
https://pando.com/2014/10/22/can-the-studio-model-build-a-billion-dollar-company-santa-monicas-zuma-ventures-is-the-latest-to-try/

Centralizing a Startup Studio's Resources: The Pros and Cons
https://www.reversevest.com/2015/04/centralizing-a-startup-studios-resources-the-pros-and-cons/

Chasing the chasm -Sergio Marrero
https://medium.com/@sergiomarrero/changing-the-game-a81c244d82de#.jmrldf435

Co-founder at Founders, a truly modern "job"
https://medium.com/the-founders-blog/co-founder-at-founders-a-truly-modern-job-eb63fa9e0c87#.kmcfhougn

Doing it the Rocket Internet way: an inside look at what it's like to build companies at lightning speed
http://tech.eu/features/2553/rocket-internet-profile-modus-operandi/

eFounders Letter #1: DNA of a Startup Studio
https://blog.efounders.co/efounders-letter-1-dna-of-a-startup-studio-

本書を執筆する際に参照した情報一覧

$1 Billion for Dollar Shave Club: Why Every Company Should Worry
http://www.nytimes.com/2016/07/27/business/dealbook/1-billion-for-dollar-shave-club-why-every-company-should-worry.html

500 Startups tries its hand at a startup studio, 500 Labs
https://techcrunch.com/2016/06/30/500-startups-tries-its-hand-at-a-startup-studio-500-labs/

An Inside Look atBetaworks, The Startup Studio to Rule Them All
https://techcrunch.com/2015/09/07/betaworks/

Anatomy of Startup Studios -Attila Szigeti
https://www.amazon.com/Anatomy-Startup-Studios-successful-builders-ebook/dp/B01BQOE89M/

Are startup studios the ultimate partners for startup entrepreneurs?
https://medium.com/@ekwan_hk/are-startup-studios-the-ultimate-partners-for-startup-entrepreneurs-9b214e6281f6#.zh7lhvfci

Being the perfect 3rd Co-founder: the Startup Studio Model
https://medium.com/startup-studio/being-the-perfect-3rd-co-founder-the-startup-studio-model-8aaa55305013#.2n0nydtt8

Betaworks | The Startup Studio Making a Dent in NYC
https://www.youtube.com/watch?v=QQ3Rll5YCY8

Betaworks Launches Dexter
https://techcrunch.com/2015/10/09/betaworks-launches-dexter-an-open-platform-for-building-integration-driven-web-apps/

■ 著者略歴

アッティラ・シゲティ（Attila Szigeti）

IBM、シティグループを経て起業。現在はハンガリー・ブタペストにあるドルッカ・スタートアップスタジオのCOOを務め、世界中で勃興しているスタートアップスタジオの調査を目的とした「ビッグ・スタートアップスタジオ・スタディ（Big Startup Studio Study）」というプロジェクトの発起人でもある。これまでに世界各地で50を超えるスタートアップスタジオを調査している。

■ 訳者略歴

露久保由美子（つゆくぼ・ゆみこ）

翻訳家。主な訳書に『アメリカ海軍が実戦している「無敵の心」のつくり方』（クロスメディア・パブリッシング）、共訳書に『米軍基地がやってきたこと』（原書房）、『インシデントレスポンス 第3版』（日経BP社）などがある。

■ 監修

\QUANTUM Inc.（株式会社クオンタム）

大企業やスタートアップと共創しながら、新しいプロダクトや事業、企業を連続的かつ同時多発的に生み出すスタートアップスタジオ。さまざまな専門性をバックグラウンドに持つ社員、国内外の幅広いネットワーク、新規事業開発実践ノウハウを駆使して日々事業を創造している。

STARTUP STUDIO《スタートアップスタジオ》

連続してイノベーションを生む「ハリウッド型」プロ集団

2017年 10月23日　　第1版第 1 刷発行

著　者　　アッティラ・シゲティ
訳　者　　露久保由美子
監　修　　\QUANTUM.inc
発行者　　村上広樹
発　行　　日経BP社
発　売　　日経BPマーケティング
〒105-8308　東京都港区虎ノ門4-3-12
URL　http://www.nikkeibp.co.jp/books/
翻訳協力　　株式会社リベル
装　幀　　krran（西垂水 敦＋坂川朱音）
イラスト　　岡田 丈
編　集　　伊藤健吾
制　作　　アーティザンカンパニー株式会社
印刷・製本　　中央精版印刷株式会社

本書籍に関するお問い合わせ、ご連絡は下記にて承ります。
http://nkbp.jp/booksQA
ISBN978-4-8222-5539-8　2017 Printed in Japan